JN495441

나는 나에게 다정한 사람

교사로, 엄마로, 그리고 온전히 나로 살아가는 이야기

나는 나에게 다정한 사람

교사로, 엄마로, 그리고 온전히 나로 살아가는 이야기

초판 1쇄 발행 2023년 10월 13일

지은이 심효은
펴낸이 장길수
펴낸곳 지식과감성#
출판등록 제2012-000081호

교정 김서아
디자인 윤혜성
편집 윤혜성
검수 김지원, 윤혜성
마케팅 김윤길, 정은혜

주소 서울시 금천구 벚꽃로298 대륭포스트타워6차 1212호
전화 070-4651-3730~4
팩스 070-4325-7006
이메일 ksbookup@naver.com
홈페이지 www.knsbookup.com

ISBN 979-11-392-1373-7(03810)
값 16,000원

• 이 책의 판권은 지은이에게 있습니다.
• 이 책 내용의 전부 또는 일부를 재사용하려면 반드시 지은이의 서면 동의를 받아야 합니다.
• 잘못된 책은 구입하신 곳에서 바꾸어 드립니다.

지식과감성#
홈페이지 바로가기

나는 나에게 다정한 사람

교사로, 엄마로, 그리고 온전히 나로 살아가는 이야기

글 심효은

나는 나에게 예의가 없었다.

'무엇을 위해 하루를 틈 없이 살았을까?'
멈추어 나를 만나며 알게 된다.

지식과감정#

일상의 어느 것 하나 제대로 하지 못하고
일 년을 보내고, 또 다음 해를 보냅니다.
어느 날, 삶이 무거워 내 삶에 물음표를 던져 봅니다.

달리던 걸음을 잠시 멈추고
시선 안에 머무는 벅찬 순간을 마음에 담습니다.
그 순간에 머물러 있는 나와 만납니다.
나와 만나 나에게 다정해지니, 내 삶이 소중해집니다.

어느 날, 나에게 다정한 하늘과 만났다.

선생님, 엄마, 딸, 며느리, 아내….
삶 안에서 불리는 이름이 많아 하루를 쪼개고 쪼개어 그 역할들에 완벽하려 애썼습니다. 내 하루의 모든 시간에 열정을 담아 달리다 쉼이 준 멈춤의 시간에 지난 시간을 되돌아 걸으며 알게 됩니다. 남을 위해 살아간 시간만 있을 뿐, 나는 나에게 예의가 없었습니다. 나를 돌보지 않았습니다.

학교로 가는 출근길의 걸음이 무거웠던 초보 교사는 배움으로도 채워지지 않았던 갈증에 교사로서의 삶을 애써 외면하기도 하였습니다. 이 또한 나를 제대로 바라보지 못했던 이유였습니다. 스스로 무엇을 원하는지, 무엇을 가치 있게 여기는지를 궁금해하지 않았습니다. 교사로서의 나, 한 사람으로서의 나를 돌보지 못했습니다.

멈추어 나를 발견하는 시간을 가지며 아무것도 아니라 여겼던 나의 자원이 가치가 있음을 알게 됩니다. 그렇게 수업의 지향점을 알아차리게 된 경험이 학교로 가는 출근길을 즐겁게 만들었습니다. 신념이 자라고 교사로서의 삶의 방향이 굳건해지며, 학교에서의 삶을 틈 없는 열정으로 채우게 됩니다.

또 하나, 엄마의 역할이 가지고 있는 무게는 무겁습니다. 퇴근길이 더 무거운 출근길로 느껴지며 지쳐 갑니다. 교사이면서 엄마로 살아가는 우리의 이야기는 녹록지 않습니다. 하지만 엄마가 되었기에 알게 된 삶의 순간들이 의미가 되어 나를 단단하게 합니다. 엄마가 되기 전에는 엄두도 내지 못했던 많은 일들을 가뿐하게 해냅니다. 그리고 수많은 역할의 굴레 안에서 쉼 없이, 멈추는 방법을 잊은 채 뛰어다닙니다.

그러던 어느 날, 달리던 걸음을 멈추었습니다. 그 멈춤이 나를 위로합니다. 애쓰고 또 애썼기에 쉼의 시간은 달콤했고, 순간에 머무르며 삶의 벅찬 지점과 만납니다. 그것을 마음에 담아 긍정의 에너지로 채우고 잘 다독거려 봅니다. 그리고 교사의 삶, 엄마의 삶 안으로 가져와 또 다른 긍정을 만들어 갑니다. 그 이야기들을 쓰며 나는 나에게 마음껏 다정해집니다.

완벽하려 애썼던 삶에서 벗어나 잠시 쉬어가며, 나에게 다정해지고, 삶의 긍정을 만나 소소하게 성장하게 된 교사 엄마의 이야기가 지금부터 시작됩니다.

2023년 10월

심효은 드림

학생의 시선으로 나는 나와 마주했다. 나는 나에게 예의가 없었다.

목차

Chapter 3 • 엄마의 시선 그리고 엄마입니다

Chapter 4 • 멈춤의 시선 잠시 멈추어 내 삶과 만납니다

Chapter 6 • 일상의 시선 그렇게 내 삶이 소중해집니다

Chapter 1

교사의 시선

나는 교사입니다

존재 이유가 삶에 열정을 다하게 한다.

교사가 된 첫 해

엄마와 부둥켜안고 펑펑 울었다. 기쁨의 눈물이었다. 합격자 명단 속 내 이름, 치열했던 1년간의 임용 준비 시간이 스쳐 가며 그 힘든 시간마저 아름답게 만든 그날, 나는 교사가 되었다.

지금 생각해 보면 교사로서의 삶을 이끌어 줄 롤 모델 하나 없이 용감하게 교사라는 이름표를 달았다. 그래서였을까? 아이들 앞에 서는 것이 뭔지 모르게 따갑고 불편했다. 어느 날은 마음에 무거운 돌을 얹은 채 교실 문을 열었다. 교사가 되었다는 기쁨은 가득한데 껍데기만 교사인 기분이었다. 알맹이를 어떻게 무엇으로 채워야 할지 알지 못하는 날것이었던 초보 교사였다.

교실 안에서 초임 여교사인 나에게 몇몇 아이들은 기선 제압이라도 하듯 냉소적인 태도와 표정을 건네었고, 어느 날은 마음을 후벼 파는 못된 말들을 꺼내었다. 아이들과의 무서운 기싸움이 시작된 것이다.

지금 생각해 보면 반짝거리는 눈빛을 보여 준 예쁜 아이들이 훨씬 많았는데, 불편한 아이들의 존재가 왜 크게 느껴졌을까? 수업을 제대로 하고 있는 건지, 아이들과는 관계는 어떻게 맺어야 하는 건지, 학교에서의 나를 어떻게 풀어 나가야 하는 건지, 막막하고 두려웠다.

돌이켜보니 풋풋했던 시절의 아름다운 기억이지만, 그 당시 나는 심각했다. 눈시울이 빨개지며 머리끝까지 열기가 오르는 것을 겨우 참고 화장실로 달려갔던 순간도 여러 번이었다. 그때 그 시절, 아이들과의 짓궂은 기싸움에서 나는 매번 패했다.

산책을 하며 그 시절의 나를 만난다. 교사로서의 정체성을 찾지 못해 방황했었고, 숨고 싶었지만 당당한 척했던 그때의 나를 만난다. 20년 차에 접어든 중년의 교사가 초임 교사 시절 나에게 해 줄 말이 있나 보다.

"교실 안에서 울컥했던 순간을 외면하지 않은 것만으로도 참 잘한 거야."

"막막한 두려움을 이겨 내려고 마음먹은 것, 그것만으로도 대단한 거야."

"그래, 잘했어."

"그게 최선이었어."

문득, 그 시절의 아이들이 사무치게 그리워진다.

교사의 신념

물 항아리에 천천히 물을 채우듯 교사의 신념은 세월이 쌓여 채워진다.

신념 없이 신규 교사라는 이름으로 지내 왔던 시절의 풋풋한 이야기부터 꺼내어 본다.
대학을 졸업하고 1년을 온 힘을 다해 공부하였고, 감격스럽게도 임용 고시에 합격했다. 참 어리고 예쁜 나이였지만 채워짐이 없는, 아니 채워져야 한다는 것을 알지 못하는 초보 선생님이었다.
업무도, 수업도, 담임도, 어느 것 하나 제대로 하지 못하고 동동거리면서도 교사가 되었다는 기쁨은 늘 가슴 한구석에서 뛰고 있었다. 교실 문 앞에서 심호흡한 뒤 교실 안으로 들어서서 출석부를 매만지는 순간, 중간고사 시험 감독을 하며 울컥 차오르는 감정들, 아이들이 "선생님" 하고 부를 때, 그 순간이 믿어지지 않기도 했다.

그런 잠깐의 황홀함이 순간 머무르며 나를 다독였지만, 초임 교사 시절 나는 마치 가느다란 실에 의지한 채 바람을 붙잡고 있는 '연'과도 같았다. 수업에서도, 업무에서도, 학생들과의 관계에서도 단단한 중심이 없이 바람이 불면 부는 대로 흔들렸다. 신규 교사에게 사명감이 튼튼한 선배 교사가 있다는 것은 교사로 발을 딛는 첫해에 큰 행운이다. 안타깝게도 나에게는 그 행운이 없었다.

혼자서 끙끙 앓거나, 인터넷 정보와 책을 통해 학급 담임의 일을 배우고, 수업의 고민에 대한 답을 찾았다.

'선생님의 수업이 궁금한데…',
'선생님의 담임 활동이 궁금한데…',
'선생님은 어떤 교사일까?'
·
·
·
'나는 어떤 교사여야 할까?'

수많은 물음표는 침묵의 분위기 속에서 한없이 작아졌다. 궁금한 교실 안은 꽁꽁 닫혀 있어 수업은 알 수가 없었다. 수업은 공식적인 공개 수업 날에 만날 수 있었지만, 그것은 일상의 수업이 아니었기에 자연스럽지 못했다. 마음이 불편했다. 수업 시간 50분은 수업자인 교사의 영역이니, 함부로 침범할 수 없다는 게 무언의 약속이었다. 내 수업 또한 그 분위기에 압도되어 꽁꽁 닫아 두었더니, 나에게조차 닫혀 버린 수업이 되어 출구를 찾지 못한 채 불편한 존재로 남아 버렸다. 그렇게 답을 찾지 못한 초임 교사 시절, 나는 내내 조급하고 불안했다. 그리고 학교로 가는 출근길이 즐겁지 않았다.

시간이 흘러 5년 차 교사가 되었다.

교사로서의 노하우가 생기기 시작했다. 여기저기서 스크랩한 학급 활동과 상담 자료를 잘 다듬어 활용했고, 아이들과의 라포 형성도 조금은 나아졌다. 수업은 여전히 갈팡질팡, 뭔지 모르게 계속해서 결핍의 상태였고, 두려운 존재였다. 아이들이 열심히 활동해 멋진 결과물을 만들었으면 하는 마음으로 수업을 준비했지만, 항상 한구석이 텅 빈 느낌이었다. 돌이켜 보면 그때의 부족한 느낌, 채우고 싶은 욕심, 시행착오들은 부정의 언어지만 신념을 만들기에 꼭 필요했던 경험이었다.

교사로서의 인생 터닝 포인트, 엄마가 되었다.

육아 휴직의 수많은 날 동안 내 아이를 먹이고 씻기고 재우며, 이상하게도 학교에서 만난 아이들의 얼굴이 스쳐 갔다. '좀 더 관심을 가졌더라면… 좀 더 따뜻하게 이야기했더라면… 어땠을까?' 방황하던 시절, 아이들과의 형식적인 만남이 너무나도 아쉬웠다. 엄마의 마음이 덧입혀지며 드디어 내 안에 '교사의 신념'이라는 작은 씨앗이 싹을 틔우기 시작했다.

5년, 육아 휴직을 보내고 복직하게 되었다.
고3 담임을 맡고 아이들의 기초 조사서를 받아 사전 파악을 위해 하나씩 읽어 가는데 눈물이 주체할 수 없이 쏟아졌다. 아이들의 이야기들에 마음이 쓰리고 아팠다. 마음에서 뭔가가 불쑥, 울컥했다. 싹을 틔운 신념이 세상의 빛을 보기 시작한 것이다.

"그래, 내가 만난 아이들이 세상의 빛이 될 수 있게 하자."

아이들이 목표를 세우고 스스로 삶에 열정을 다하도록 학기 초 상담에 힘을 쏟았고, 수업에서는 단원과 주제에 맞추어 아이들이 몰입할 수 있는 활동들을 구상했다. 무엇보다 활동을 통해 "나도 할 수 있어."라는 뿌듯한 성취감을 느끼게 해 주고 싶었다. 아이들에게는 자신에 대한 신뢰와 뭐든 스스로 도전할 수 있는 자신감이 필요했다. 그 당시에는 알지 못했지만 나의 애씀은 이제 막 세상에 나온 교사의 작은 신념이 중심에서 지지해 준 덕분이었다. 애씀의 보상이었을까? 그 해, 아이들은 입시에서도, 취업에서도 좋은 결과를 얻을 수 있었다.

교사의 신념은 점점 차올라 학교의 일과 수업에서 두려움이 점점 사라지기 시작했다.

더 놀라운 건 교사의 삶이 선물로 다가오기 시작한 것이다.

복직 후 오랜만의 학교생활이라 1년 내내 들떠 있었다. 그래픽으로 작업한 이미지를 실제 제품으로 만들어 내는 경험을 할 수 있게 돕고 싶었다. 수소문하여 작은 크기의 실크 스크린 기계를 제작하는 사람을 찾을 수 있었고, 기계를 맞춤으로 제작하여 사비를 들여 구입했다. 그리고 늦은 시간 고속버스 터미널에서 기계를 받아 끙끙대며 겨우 학교로 가지고 왔다. 힘은 들었지만, 덕분에 아이들은 자신이 그래픽으로 작업한 작품을 실제 제품으로 만들어 내는 뿌듯한 경험을 할 수 있었다.

합창대회에서는 아이들이 신나게 참여하기를 바라는 마음으로 여학생의 교복을 빌려 입고, 몸치의 부끄러움을 잠시 내려 두고 우리 반 아이들과 함께 노래하고 춤을 추기도 했다. 졸업식 날, 전체 학생의 졸업 가운을 대여하여 졸업 모자를 던지는 이벤트를 하며 잊지 못할 추억을 만들어 주었다. 그렇게 1년의 꽃 같은 시간이 지나갔다. 하지만 지나고 나니 아쉬움 투성이었다. 무엇이 아쉬움이었는지 들여다보니 수업이 마음에 짐으로 남아 있었다. 그 아쉬움을 안고 나는 초등학교에 입학하는 내 아이를 돌보기 위해 1년을 또다시 육아 휴직으로 쉬게 된다.

또 잠시 '엄마'로 머물렀다.

지난 시간, 결핍으로 남아 있던 수업의 아쉬움에 대한 답을 찾기 위해 수많은 교육 서적과 논문을 찾아보며 좀 더 적극적으로 변했다. 그 이면에는 답답함도 있었고, 남은 교직 생활이 행복했으면 싶었다. 수업이 행복한 교사가 되고 싶었다. 수업에서 아이들과 신뢰로 연결된 만남을 하고 싶었고, 수업에서 만나는 아이들을 세상의 빛으로 성장시키고 싶은 신념이 점점 더 커지고 있었다.

또다시 복직 후 앞만 보고 달린 3년의 시간,

신념의 힘은 대단했다. 이상하게 학교만 가면 에너지가 나와 지치지 않았다. 해야 할 일들이 너무 많았고, 일에 빠져, 수업에 빠져 지난 3년을 달렸다. 정말 열심히 뛰었다. 수업 알아차림(수업과 성장 연구소)을 통해 숨어 있던 내 수업의 지향점을 발견하게 된 것은 최고의 선물이었고, 수업 연구대회에 참가하여 도 대회 1등급, 전국대회 1등급의 영광이 있기도 했다. 수업 전문가 활동을 3년간 하며 내실을 쌓았고, 무엇보다 수업 안에서 아이들이 프로젝트를 마무리하며 작성한 수업 성찰의 이야기와 취업과 입시에서 보여 준 성장이 큰 힘이 되어 지치지 않고 뛸 수 있었다.

한편으로 나는 학교라는 조직에서 함께 흘러가야 하는 사람이라 나의 내달림이 모든 사람에게 좋게 보이지 않았을 거다.

'유난스럽고 별나고 나와는 다른 사람이야.'

잠시 쉼을 가지며 보이는 것들, 어쩌다 생긴 사람과의 스크래치가 아프긴 했지만, 잘 아물어 또 다르게 성장한 느낌이다. 앞으로도 부딪쳐야 할 이야기들이 계속될 것이다. 하지만 두렵지 않다. 그저 내 신념의 에너지가 누군가에게는 긍정으로 전해질 수 있는 선한 영향력이고 싶다.

교사의 신념이란, 갑자기 뚝딱, 어쩌다 보니 생기는 것이 아니었다. 어려운 상황들, 힘든 일들, 속상한 사건들, 잘된 수업, 뿌듯한 만남, 수없이 부딪치는 아이들과의 관계들이 쌓이고 쌓여, 단단한 무언가가 발견되었다. 그리고 작은 물음표가 점점 커지면서 답을 찾을 수 있었다.

그렇게 찾은 교사의 신념이 앞으로 나아가게 할 에너지를 채워 주고, 주변의 시선에 동요되지 않는 단단함을 만들며, 남아 있는 길고 긴 교사로서의 삶을 지지할 것이다.

ps. 신념과 사명감은 교사의 삶을 신명 나게 합니다. 그것들을 몰랐던 시간은 늘 흔들렸습니다. 힘든 것은 남 탓을 하고 늘 불만스러워 행복하지 않았습니다. 하지만 '왜?'라는 질문을 늘 마음에 담아 두었고, 그 답을 찾으려 노력하며 신념이 채워졌습니다. '왜 나는 수업이 힘든 걸까?', '왜 나는 아이들과의 관계가 힘들지?' 꾸준히 물으며 발견하게 된 신념이 교사로서의 삶을 바꾸었습니다. 이제 학교에 핀 꽃들을 보며 활짝 웃을 수 있습니다. 학교 안 하늘을 보며 설렙니다.

학교 가기 싫은 교사

세상 모든 선생님의 마음을 담은 광고,
박카스 팬이 되어 버린 광고,
광고 대사에 손뼉을 치며 마음속까지 시원해졌다.

딸 : "하… 학교 가기 싫다…."
엄마 : "가야지! 네가 선생인데?"

속이 이렇게 후련한 건 뭘까? 교사라는 이름으로 불리기 시작하며 행동이 조심스러워졌다. 세상의 잣대와 기준은 교사니까 참아야 했고, 교사니까 그렇게 하면 안 되었고, 교사니까 이러이러해야 했다.

"교사니까"라는 짧은 말은 젊은 교사 시절, 자유로움을 갉아먹는 느낌으로 다가왔다. 교사가 되어 너무 좋았지만, 마음에 사회의 잣대와 시선이 머물렀다. 학교 밖 사람들과의 만남에서 왠지 경직되고 조심스러운 사람이 되었다. 그리고 방학을 손꼽아 기다리며 박카스 광고에서처럼 출근길이 무거웠던 이십 대 교사의 시간들이 있었다. 현실의 학교생활은 행복하지 않았다. 해내야 할 업무는 너무 많았고, 아이들과의 관계 맺기는 어려웠으며, 수업에도 자신이 없었다. 그래서였을까? 학교로 가는 길이 힘겨웠다.

나에게 변화가 생긴 건 '엄마'가 되면서부터였다. 어떤 이유라 단정할 수는 없지만, 엄마가 된 이후 교사로서의 삶이 변하게 되었다. 엄마가 되면서 자연스럽게 커진 책임감이 교사라는 나의 직업으로 연결되었고, 아이들 한 명 한 명을 달라진 시선으로 바라보게 되었다.

'내가 이 아이들의 엄마라면 어떨까?'라는 질문이 마음에 가득 차 뭔가가 불끈불끈 올라왔다. 아이들에 대한 마음이 달라지니, 그들을 자세히 보기 시작했다. 눈빛, 제스처, 표정, 말들이 공감의 시선으로 들어와 나에게 머물렀고, 아이들의 표정과 행동을 자연스럽게 먼저 살피게 되었다.

그 아이들을 위한 수업, 그 아이들을 위한 업무를 하게 되면서 교사로서의 삶에 무언가가 매일매일 채워졌다.

학교 출근길이 즐거워진 건 그때부터였다. 학교로 향하는 운전길이 설레었고, 계절의 걸음에 맞춰 교문 앞 나뭇잎의 색이 달라지는 모습을 보며 흐뭇했다.

어쩌면 '엄마'가 된 것보다 더 중요한 것은 '시선의 변화'였는지도 모른다. 교사인 내가 중심이 되어 지낸 시간은 행복하지 않았다. 그 중심을 아이들로 보내어 그들을 바라보며, 시선에 의미를 담게 되자 많은 것들이 바뀌었다.

아이들을 탓하며, 학교를 탓하며 나의 부족함을 외면했었던 수많은 날 동안은 알지 못했다. 시선에 의미를 담으며, 수업을 준비할 힘, 업무를 열심히 할 힘, 그리고 학교가 즐거워지는 힘을 얻을 수 있었다.

나에게도 학교가 가기 싫었던 수많은 날들이 있었고 그 시절의 나처럼 출근길이 힘든, 그래서 매일 주말이 오기만을 기다리는 선생님들이 계실 것이다.

'학교 가기 싫어' 광고는 그 마음이 담겨 공감이라는 이름으로 교사인 우리를 위로한다. 그리고 출근길이 한없이 무거웠던 나의 그 시절이 포개어지며 웃음 가득, 유쾌한 공감을 주었다. 그래서 나는 이 광고가 너무나도 시원하고 통쾌했다.

열정이 넘치는 유별난 사람

해야 할 일만 하는 사람,
해야 할 일을 하지 않는 사람,
해야 할 일을 잘 못 해내는 사람,
해야 할 일보다 넘치게 해내는 사람.

일터에는 네 부류의 사람들이 있다. 나는 어쩌다 보니 넘치게 해내는 사람이 되어 있었다. 어느 날 남들과 다른 사람이 되어 있었다. 첫 부장 업무를 잘 해내고 싶은 마음, 아이들과 수업 안에서 의미 있게 만나고 싶은 마음, 내가 소속된 학과를 전국 최고로 만들고 싶은 마음으로 떠오르는 아이디어를 그때그때 실현시켰다. 불합리하고 태만하게 일을 미루는 누군가에게는 목소리를 내었고, 아이들이 신나게 참여할 수 있는 특별한 활동에 최선의 힘을 쏟았다. 학교가 아이들의 걸음으로 들썩이기를 원했다. 나는 그 걸음에 지도를 그려주는 교사이고 싶었다.

5월 초, 우리 부서 선생님이 매일을 꽉 채워 달리는 나를 보며 이야기했다. "선생님들이 부장님 싫어하겠어요." 글로 적고 보니 문장의 내용이 오해가 있을 법하지만, 선생님은 나를 늘 응원하고 지지해주시는 분이고, 그 말속에는 걱정이 담겨 있었다. 호탕하게 웃으며 내가 말했다. "그렇죠, 그런데 이상하게 전 신경이 안 쓰이네요."

그 말은 진심이었다. 육아로 정시 퇴근이 필수였던 나에게는 학교 안에서 일 처리하기에도 시간이 부족했다. 남들의 시선 때문에 계획한 일들을 하지 않을 이유가 없었다. 더구나 그 일들은 대부분 학생들을 위한 것이었기에 그러한 시선은 아주 작은 부분으로 스쳐갔다.

교사로서 사명을 가지고 나에게 주어진 시간에 쉬지 않고 최선을 다했을 뿐인데, 그 최선이 누군가에게는 시기와 질투의 대상이 될 수 있다는 사실을 잘 알고 있었다.

그 당시, 나는 아주 호기롭게 나의 기량을 맘껏 펼쳤고, 수업도 일도 스스로에게 만족스러웠다. 물론 학교에서는 계속 일만 해야 했고, 집으로 일거리들을 꾸역꾸역 가지고 와야 했다. 남들보다 세네 배 시간과 공을 들일 수밖에 없었다. 그렇게 일에 빠져 그 당시, 나는 사람을 놓쳤다.

추진했던 수업과 일들은 많은 에너지가 필요한 것이었기에, 바라보는 주변 선생님들에게 피로감을 주었을 것이다. 나도 저만큼 해야 하나 싶어서 동료들은 원하지 않는데 더 움직여야 했을 것이고 느끼지 않아도 되는 감정들을 가졌을지도 모른다.

그렇다. 누군가는 나로 인해 힘들었을지도 모른다. 과속 방지턱을 보지 않고 차창 밖의 풍경 따윈 아랑곳없이 속도를 높여 달리다가 학습연구년으로 일 년 잠시 정차를 하게 되면서 이 모든 것을 살피게 되었다.

내 열정의 기준으로 바라보며 왜 같은 마음으로 에너지를 쏟아 주기를 원했을까? 각자의 가치관이 다르고 삶의 방식과 결이 다른데, 왜 같아지기를 원했을까? 왜 나는 모두가 나만큼 해 주기를 바라고 기대했을까?

그러다가 생각했다. 쉬지 않고 달리며 그동안 나는 많이 힘들었구나. 어쩌면 '교사'라는 이름이 가진 무게감을 함께 나누고 싶었던 게 아닐까? 그 나눔의 방법을 잘 몰라 허둥지둥 주변의 삶까지 관여하고 싶었던 게 아닐까?

우린 교사니까, 아이들의 삶에 무지개가 되어 줄 수 있는 교사니까, 누군가와 그 어려운 길을 함께 고민하고 나누고 싶었던 게 아닐까?

ps. '천천히 달리면 덜커덩하지 않아도 돼. 그리고 함께 달릴 수 있어.'

전방 30m

교사의 수업 날씨

교사의 수업 날씨는 예측하기가 어렵다. 세상의 모든 교사는 변덕스러운 날씨를 잘 이겨 내고 있다. 급격한 온도 차로 당황스러울 때가 한두 번이 아니다.

3월의 첫 만남이 중요한 이유는 흐트러짐 없는 평온한 수업 날씨를 유지하기 위함이다. 목소리에는 기품을 담고, 눈빛에는 카리스마를, 교사의 가치관을 쉬운 언어로 전달하여 첫날 아이들을 내 편으로 만들기, 3월을 잘 만들어 놓으면 짓궂은 날씨의 영향을 조금은 피할 수 있다.

봄, 여름, 가을, 겨울 안에서 만나는 수많은 날의 각양각색의 날씨는 교사의 수업과 닮아 있다. 하늘에 무지개가 뜨면 그렇게 설렐 수가 없다. 무지개 뜬 날 같은 수업을 마주하면 그날은 교사로서의 자신감이 한껏 부푼다. 발걸음도 경쾌해진다.

마음 안에 외친다. '그래, 바로 이거야.'

하지만 보통의 날들에는 환절기의 급격한 기온 차이처럼
어제의 수업이 온화했다면, 오늘의 수업은 차디차다.

어느 날, 잠자는 아이를 깨우다가 아이의 입에서 거친 말이 나왔다. 그날의 수업 날씨는 천둥 번개 치는 날과 닮아 있다. 절망과 암울한 마음에서 쉽게 벗어나기가 어렵다. 마음의 상처에 방수 밴드를 붙여 본다. 그러나 잘 아물지 않고 곪을 때가 많다.

아무래도 맑은 날의 약이 필요한 것이다. 무지개 뜬 날과 닮은 수업이 아니더라도, 우리는 미세 먼지 없는 맑고 쾌적한 날과 같은 수업을 만나고 싶다.

기상청 일기 예보로 날씨를 대비하듯 수업의 날씨도 예측하여 미리 대비할 수 있으면 좋겠다. 미리 알고 부딪히면 상처가 크지 않을 테니, 마음이 갑자기 쿵하는 일들이 줄지 않을까? 가만히 보면 수업 날씨가 예측이 어려운 이유는 수업은 사람과 사람의 '만남'이기 때문이 아닐까?

수업은 만남이기 때문에?

ps. 만남은 '사람과 사람이 만나는 일. 또는 만나서 관계나 인연을 맺는 일'이라고 정의합니다. 교사들은 정말 대단합니다. 그 어려운 관계를 맺는 일을 매일 1:다수로 하며 교사의 삶을 만들어 갑니다. 만남 안에서 웃고, 울고, 기쁘다가 화가 나기도 합니다. 모든 선생님들의 만남이 늘 온화하기만 했으면 합니다. 그래서 선생님들이 학교에 오래 머물 수 있기를 바라봅니다.

좋은 담임이 되고 싶어요

선생님들은 열이면 열, 좋은 담임 선생님이 되고 싶다.
아이들에게 사랑받는 선생님, 인정받는 담임이 되고 싶다. 3월을 준비하는 2월에는 나와 만나게 될 학급을 어떤 방향을 이끌어 갈지 그림을 그리며, 아이들과의 첫 만남을 준비하고 우리 반의 색깔을 만들 수 있는 학급 행사를 구상한다. 그리고 가장 중요한 담임의 교육 철학과 가치관을 어떤 방법과 분위기로 잘 전달할지 고민한다. 관계의 친밀도를 높이기 위해 함께하는 활동 위주의 첫 만남 오리엔테이션을 계획하기도 한다.

신규 교사 시절에는 최대한 말은 아끼고 없는 카리스마를 쥐어짜 내 아이들을 휘어잡아야 한다고 생각했다. 기선 제압을 목적으로 기센 선생님처럼 보이고 싶어 진하게 눈화장을 하기도 했다. 가능한 입꼬리가 올라가지 않게 웃음은 참고, 말투는 딱딱하게, 그런 시절이 있었다. 그래야 아이들에게 휘둘리지 않고 일 년을 편히 보낼 수 있을 것 같았다.

그것은 경험 부족, 철없는 교사의 큰 실수였다. 그 시절이나 지금이나 아이들은 자신들과 즐거운 소통을 하고 진심의 사랑을 마음에 담고 있는 선생님을 알아본다. 그 선생님을 신뢰하고 존경하게 된다. 그것을 알지 못했던 시절을 철 없이 보내고, 교사의 신념이 자라며 나에게도 드디어 학급 철학이 생겼다.

'아이들이 꿈을 성장시키는 것.'
'혼자가 아닌 함께.'
'함께 있어 줘서 고마웠어.'

학년말이 되었을 때 서로가 서로에게 마음으로 전하는 말이 "함께 있어 줘서 고마웠어"가 되었으면 했다. 학급 철학이 생기면 그다음은 쉽다. 요즘에는 학급 활동, 담임 업무에 대한 자료가 다양하게 공유되어 있다. 학급 철학을 중심에 두고 자료를 검색해 필요한 활동이나 방법을 찾으면 된다. 그대로 써도 좋지만, 우리 반 아이들의 성향과 학급의 목표에 따라 살짝 수정하여 활용하면 안성맞춤일 것이다.

일 년의 담임 일지에는 수많은 이야기가 등장한다. 어느 날은 누가 콕 찌르기만 해도 눈물보가 터질 듯한 일과 마주하고, 또 어느 날은 우리 반 아이들과 내가 한 사람이 된 듯 똘똘 뭉쳐져 뭐든 무섭지 않은 날도 있다.

고3 담임을 할 때였다. 학교를 며칠째 나오지 않던 아이가 연락이 두절되어 그 아이의 집으로 햄버거를 사서 방문한 일이 있었다. 동생 두 명이 문을 열고 나왔다. "언니가 지금 집에 없어요." 햄버거를 흔들며 내가 말했다. "선생님이 햄버거를 사 왔는데, 같이 먹을까?"

집 안으로 들어섰다. 언니 방의 위치를 묻고 방을 들여다보니 컴퓨터가 켜져 있고 온기가 느껴졌다. 교사의 촉으로 옷장 문을 여니 아이가 웅크리고 옷장 안 구석 좁은 틈에 앉아 있는 것이다. 잘 다독여 다음 날 학교를 나오게 했다. 계속해서 상담을 하고 더 깊은 속마음을 들여다보기 위해 노력했다. 알고 보니 그 아이는 친구 관계 때문에 힘들었지만, 자존심 때문에 애써 어울리는 척, 아무렇지 않은 척했던 것이었다.

상담을 통해 아이는 꿈을 꾸기 시작했다. 소외된 사람들을 도와주고 싶다며 사회복지사라는 꿈을 그리기 시작했다. 이틀을 결석하면 수업일수를 못 채워 졸업이 어려웠던 절박한 상황에서 꿈을 향한 간절함이 통했던 걸까? 그 아이는 그해 지방 국립대 사회복지과에 합격하였다. 아이의 꿈을 찾게 해 준 건 계속된 선생님의 존재감이었다.

'네 옆에 내가 있어.'
'선생님은 널 포기하지 않을 거야.'
'꼭 졸업해서 원하는 대학 생활을 해 보자.'

친구 관계가 어려워 '함께'가 세상에서 가장 힘든 아이에게는 교사가 '함께' 하면 된다.

앞만 보고 달리던 교사의 걸음을 멈추어 보자. 그리고 멈추어 한참을 들여다보자. 그렇게 멈추어 아이들을 찬찬히 보았을 때, 답을 찾게 되었다. 꿈이 무엇인지, 어떤 사람이 되고 싶은지, 무엇이 힘든지에 대한 물음표를 던져 보자. 그리고 나에게 질문하자.

'나는 담임으로서 무엇을 중요하게 생각하는 걸까?'
'아이들을 어떤 사람으로 성장시키고 싶을까?'

교사의 학급 철학은 회피할 뻔한 문제도 차근차근 해결할 수 있는 든든한 기둥이 되어 준다. 명확한 학급 운영의 철학이 부재하다면 교사 자신이 무엇을 중요하게 생각하는지 멈추어 들여다보는 시간이 꼭 필요하다. 그 시간들이 교사의 삶, 아이의 인생을 바꿀지도 모른다.

두려워하지 말자.
우리에겐 든든한 학급 운영 철학과 각종 담임 활동 자료들이 있다.

전국 수많은 담임교사와 '함께' 만들어 가면 된다.

교사 나이 마흔, 그 무게를 견뎌 보기

학교는 매년 2월이면 가장 아프고 시끄럽다. 어떤 선생님은 마음에 작은 스크래치가 생기기도 하고, 대형 폭탄을 맞기도 한다. 주변 사람들의 숨겨진 바닥을 보기도 한다. 목소리가 큰 사람이 유리할 때도 있다. 교장 선생님의 인사 권한이 크다 보니 따로 교장실로 가서 쉬운 보직을 요청하는 선생님도 계신다. 이쯤 되면 그냥 랜덤 기계에 업무 조직과 선생님들의 이름을 넣고 뽑기를 하는 게 더 좋을 것 같다는 생각도 해 본다.

2월은 꽃샘바람만큼이나 선생님들에게 차갑고 냉랭하다.
왜 해마다 교사의 2월은 이렇게 냉랭해질까?

선생님들의 일 순위는 수업이어야 하는데, 이상하게도 수업 이야기를 학교에서 나누는 일이 어렵다. 수업 이야기를 시작하면 금방 흐지부지 끝나 버린다.

선생님들이 이야기한다.
"업무는 바로바로 티가 나니 더 잘해야 할 것 같아요."
"업무 때문에 수업에 소홀해져서 속상해요."

업무의 곤란도가 다르기 때문에 한 해를 편하게 지내기 위한 눈치 작전! 그게 교사의 2월이다.

화가 나고 답답해진다. 교육이 바로 선다는 것이 행정업무를 잘한다는 게 아닐 텐데 말이다. 교육은 아이들과의 만남이다. 그 만남은 주로 수업 안에서 이루어진다. 그래서 교사와 아이들 모두에게 수업은 제대로 행복한 존재가 되어야 한다. 이를 위해 선생님들이 열심히 수업을 연구하고, 편안하게 수업 자료를 만들고, 서로의 수업을 나누고 응원하며 제대로 교사로서 바로 설 수 있어야 한다.

교무실에서 수업을 준비하는 것은 이상하게도 자연스럽지 못하다. 선생님들은 업무로 인해 쉴 틈이 없다. 잠시 틈이 생기면 그제야 수업을 위한 교재를 꺼내어 든다. 그리고 더 이상한 것은 수업 준비를 열심히 하시는 선생님을 보면, 계속해서 문서에 묻혀 달려야 하는 내 업무를 바라보며 박탈감을 느낄 때도 있다. 교사의 일 번이 수업이라는 것을 알고 있기 때문이다.

마흔이 되니, 학교는 나에게 더 많은 것을 요구한다. 나의 역량과는 상관없이 과중한 업무를 던져 주고, '네 경력에 이 정도는 해야지'라는 무언의 압박을 한다. 마흔이란 나이는 너무 무겁다. 후배 교사에게는 멋진 선배가 되고 싶고, 선배 교사에게는 좋은 모습을 보여 주고 싶다. 또 그 사이에서 중간의 역할을 잘 해내야 한다. 그리고 퇴근 후에는 엄마, 아내, 며느리, 딸의 역할을 하느라 온전히 쉬기란 어렵다.

그런데 이상하게도 마흔이 되니, 그만큼의 그릇이 생긴다. 다 담지 못할 것 같았는데 어느새 담겨 있고 넘칠 것 같았는데 딱 그만큼 차 있다. 그게 마흔이란 나이인가 보다.

이십 대 선생님의 자유와 어리숙함이 부럽고, 삼십 대 선생님의 센스와 에너지가 부러운 마흔의 나이는 어쩌면 지나온 경력만큼 단단해져 보이지만 실은 여러 가지 걸쳐진 이름들을 지키느라, 그리고 부러지지 않기 위해 애쓰고 애써 그 나이를 지내고 있는지도 모른다.

그런데 이상하게도 애쓰고 애쓰니 세상이 보이기 시작한다.
사람이 보이기 시작한다.

그게 마흔의 나이란 걸까?

ps. 굽이굽이 마흔을 닮은 계단, 지금 우리, 힘겹지만 잘 올라가고 있는 거겠지?

열정만 넘쳤던 담임 선생님이 있었습니다

돌이켜 보니 철없던 직진, 아이들은 그날을 기억할까요?

5년 가까운 육아 휴직에 마침표를 찍으며 드디어 엄마라는 이름에서 해방되었다. 나를 찾은 기쁨으로 고3 담임을 맡아 그동안 쉬며 발산하지 못했던 교사 에너지를 마구마구 뿜어냈던 그해, 샘솟는 아이디어를 그때그때 실현시켰고, 내 수업의 지향점을 알아 가며 수업이 점점 견고해졌다. 특히 오랜만에 맡은 담임 업무를 하며 공감 능력치를 최대로 끌어올려 아이들을 만났다.

그 열정만 가득했던 담임 이야기를 하려고 한다.

마음을 다하고 싶었고, 고3인 아이들이 진로를 잘 선택하여 행복하게 졸업할 수 있도록 도움을 주고 싶었다. 그 마음 하나만 바라보고 달리다 어느 날, 나는 독특한 발상을 하고야 만다. 그 발상의 출발점은 아이들과의 상담이었다.

특성화고 3학년인 아이들의 진로는 보통 2학년 2학기에는 결정이 되어 3학년 1학기에는 본격적으로 취업이나 진학을 위한 구체적인 준비를 해야 한다. 그런데 아직도 진로 결정을 하지 못하고 삐걱대며 불안해하는 아이들의 모습에 울컥해 버렸다. 곧 취업처에 제출할 자소서와 포트폴리오를 준비하거나, 대학 수시 전형을 준비를 해야 하는데, 어쩌려고 "잘 모르겠어요."라는 답을 하는 걸까? 아이들을 보며 마음이 답답해졌다.

우리 아이들에게는 어른들의 현실적인 이야기가 필요했다. 답을 스스로 찾을 수 있도록 세상의 많은 전문 직업인과 만나게 해 주고 싶었다. 그들의 생생한 이야기가 답은 아니겠지만, 목표를 세울 수 있는 연료가 되지 않을까? 하지만 전문가 체험으로 갑자기 학교 예산을 뚝딱 사용할 수는 없었고, 당장 그들과의 만남을 해 주고픈 철없는 담임교사는 인스타그램에 사고를 쳤다.

"우리 반 아이들에게 재능기부를 해 주세요." 아이들에게 여러 가지 경험과 만나게 해 주고 싶어요. 진로를 고민하는 친구들이 많습니다. 전문 직업인들의 삶의 이야기도 함께 나눠 주실 분을 찾습니다. #고등학교 #고3 #재능기부

정말 후끈거린다. 아이들만 바라보고 그대로 직진한 이벤트 공지의 결과는 어땠을까?

무려 세 분의 전문 직업인께서 연락을 주셨다. 가슴이 두근두근 뛰었다. 앞도 뒤도 없는 뜬금없는 재능기부 요청에 흔쾌히 연락을 주신 세분의 선생님 덕분에 마음이 따뜻함으로 가득 채워졌다.

그렇게 우리 반 아이들과 만나게 된 강사 선생님들의 이야기는 아이들의 마음에 불씨를 붙이기에 충분했다. 그들의 열정과 진심은 그대로 아이들에게 전달되었고, 고3의 시간을 회색빛으로 지내던 아이들이 다양한 색깔의 꿈을 품게 되었다.

재능기부 특강의 이름은 이렇게 정했다.

내 삶을 UP! 전문 직업인과 Talk! Talk!

첫 번째 날, 세상에 단 하나뿐인 우리만을 위한 특강, 바리스타 선생님의 이야기이다. 꿈과 도전에 대하여 아이들에게 메시지를 전하셨다. 강사 선생님은 나의 선생님이기도 하다. 휴직 기간에 바리스타 자격증을 땄는데, 그때 선생님과 함께했다. 그것이 인연이 되어 선뜻 재능기부를 해 주시겠다고 연락이 온 것이다. 선생님은 작은 도움이라도 되고 싶은 마음으로 아이들 앞에 기꺼이 서 주셨다. 선생님의 열정 가득한 강의를 듣고 바리스타 체험을 하며 아이들의 눈빛이 반짝이기 시작했다.

재능기부 두 번째 날, 베이킹 선생님의 힘들고 어려운 시간들을 이겨 낸 성공스토리로 강의가 시작되었다. 간절하게 원하는 바를 이루기 위해 인내하며 꿈을 이루어 낸 감동의 이야기는 아이들 마음을 흔들었다. 간단한 베이킹 실습을 하였고, 그것을 위해 밤을 지새우며 준비해 오신 선생님의 정성은 큰 감동이었다. 아이들은 누구라고 할 것 없이 선생님의 목소리, 말투, 표정에서 시선을 떼지 않았다. 참 감사한 시간임을 아는 것이다.

세 번째 날, 오늘도 반짝반짝한 아이들, 그보다 더 빛나는 선생님, 일상 속의 따뜻한 캘리그래피 이야기와 딸에게 전하듯 꿈을 이야기하는 모든 말들에 진심이 담겨 깊은 울림을 주었다. 정말 어디에서도 만날 수 없는 명강의였다. 직접 재료 준비까지 해 오신 선생님의 정성은 또 어떻게 설명해야 할까?

나는 세 강사 선생님의 재능기부 특강을 통해 삶을 대하는 마음을 배웠다. 그리고 나눔의 의미와 가치를 알게 되었다.

아이들은 감동의 시간을 선물받으며 삶에서 목표를 가지는 것이 얼마나 중요한 일인지를 알게 되었고, 현재를 보내고 있는 시간의 소중함을 느끼게 된 의미 있는 시간이었다고 전했다.

시작은 담임 선생님의 철없는 직진이었지만, 이후 만난 모든 순간은 감사와 감동이었다.

지금, 아이들은 어떤 현재를 살고 있을까?
꿈을 이루었을까?

열정만 가득했던 담임 선생님의 이벤트가 선물이 되었을까?

존재의 이유

나는 생각이 많은 사람이다. 그 생각의 끝엔 존재의 이유가 물음표로 담겨 있다.

'나는 무엇을 하기 위해 세상에 존재하는 것인가?'

교생 실습을 나간 고등학교에서 한 달간 아이들과 생활하며, 선생님이라는 직업의 매력에 빠졌다. 그 매력이 얼마나 대단했던지 공부에 또 푹 빠져 1년을 보내고 임용 고시에 합격하게 되었다. 당시 지원한 도에서는 디자인 교과 T.O.가 한 명이었다. 그래서 나에게는 디자인 교사라는 직업이 더 특별한지도 모른다. 많은 경쟁을 뚫고 나의 직업이 된 교사, 나는 무엇을 하기 위해 교사로서 세상에 존재할까?

교사로서의 나는 디자인을 가르치는 사람이다. 디자인은 정해진 선 밖에 있는 다채로운 세상을 경험할 수 있는 일이다. 흥미롭고, 즐겁고, 변화무쌍하다.

나는 그 일을 잘 수행할 수 있도록, 문제를 발견하게 하고, 문제해결을 위해 창조적인 능력을 발현할 수 있도록 이끌어 주는 사람이다.

특히, 디자인 교육에서는 아이들의 창조적 자신감을 더 높은 곳으로 끌어올리는 일이 중요하다.

열 명에게 질문을 한다. "당신은 창조적인가요?" 열 명 중 아홉 명은 아니라고 답한다. 자신의 창조성에 대한 확신이 없기 때문이다. 학생들도 마찬가지다. 실제로 디자인 결과물을 보면 학생들의 아이디어가 더 톡톡 튀고 즐거운 영감을 주는데도 처음 아이들과 수업에서 만나면 창조성에 대한 자신감과 믿음은 바닥에 머물고 있음을 발견하게 된다.

창조적 자신감, 스스로가 세상을 변화시킬 능력이 있음을 믿는 것, 그것이 디자인 수업과 만나기 전 학생들에게 심어 줘야 할 신념이다. 창조적 자신감은 놀랍게도 경험과 노력을 통해 강해지고 커진다는 것을 수업을 통해 알게 되었다.

디자인 프로젝트를 해결해 나가는 과정 안에서 처음에는 아이들이 자신의 디자인 발상을 의심하다가 결과물을 만들어 가는 과정 안에서 확신을 키웠고, 그 결과물을 전시하는 활동을 통해 스스로를 믿게 되었다.

수업을 촘촘하게 구성하여 아이들의 창조적 자신감을 높이고, 그 힘으로 타인을 위한 창조적 발상을 하도록 돕는 일, 그러한 노력과 경험이 삶의 힘이 되어 줄 수 있도록 안내하는 일, 또한 한단계 성장하는 경험으로 더 큰 자신감을 만드는 일, 나는 그 일을 돕는 사람이다. 또 하나, 중요한 것이 있다. 시작한 일을 완수할 수 있다는 자기 확신의 믿음을 키워 주는 일이다.

그래, 나는 이 모든 것을 하기 위해 세상에 존재하는 것이다.

존재의 이유가 삶에 열정을 다하게 한다.

3월의 학교 주인은 누구인가?

왜 해가 갈수록 학교는 바빠지는 걸까? 각종 계획서, 담임 업무, 부장 업무를 처리하다 보면 수업은 뒷전이 된다. 퇴근 후에는 자녀를 돌보고 집안일을 하고 나면 잠들기 전에 겨우 수업 준비에 시간을 쓸 수 있다. 다음날이 되면 또 수업보다는 업무에 힘을 더 많이 주며 하루를 견뎌 본다. 수업에 미안해지고, 학생들에게 미안해지고, 스스로에게 미안해진다. 수업은 숙제가 되고, 그 숙제는 마무리가 안 된 상태처럼 느껴져 늘 답답하다.

이쯤 되면 학교에 출근하는 이유가 업무를 위함일까? 주객이 바뀌었지만, 그것을 인지할 겨를이 없다. 그저 서로의 하루를 위로하며 업무를 처리하고, 수업이 가슴 한편의 짐이지만 애써 외면한다.

어느 해, 업무 과중으로 교사로서 가지고 있던 가치관이 흔들리기 시작했다. 일을 야무지게 잘하고 싶었고, 그 일에 성취감이 생기며 더 욕심을 부리는 나를 발견했다.

수업의 지향점을 분명하게 알고 있는데, 그것을 구현하기 위해 시간과 에너지를 온전히 다 쓰지 못했다.
업무 처리로 인해 수업에 구멍이 생기는 날도 있었다. 업무로 인한 회의, 갑작스럽게 급한 외부 공문을 작성해야 할 때, 그런 날의 수업 컨디션은 최악이 된다.

어떤 날 수업은 어쩔 수 없이 학생들에게 양해를 구하고 자습 시간이 되기도 했다. 분명 자책하고 반성해야 하는데, 바쁘게 동동거리다가 내 탓이 아닌 업무 탓을 하며 수업의 공백을 외면하기도 했다. 학교의 업무는 학생들과 연결된 일들이 많아서 교사의 업무를 줄일 방안이 쉽게 생각나지 않는다. '교무 행정사와 같이 학교의 업무를 도와줄 업무 담당자를 활용하면 되지 않을까?'라는 생각을 해 보지만, 그것도 어느 범위까지 나눌 수 있을지 막연하다.

학교 공간 혁신 업무를 맡았을 때, 학생들과 공간에 대한 아이디어를 나누고 목표를 설정했다. 그리고 학생들이 구상하여 디자인한 부분을 설계에 반영해 공사를 진행했다. 그것은 사실 학생들과 신뢰 관계 형성이 잘된 교사가 가장 잘할 수 있는 일이다. 이와 비슷하게 업무들이 학생들과 연결된 부분들이 많기 때문에, 교사가 맡아 진행하는 것이 어쩔 수 없이 효율적이긴 하다.

이런저런 상황에도 불구하고 우리 교육이 바로 서기 위해서는 교사의 본질인 수업에 집중할 수 있는 학교 문화가 필요하다. 교사가 수업을 깊이 고민하고, 만족스럽게 연구하고, 그 수업을 즐겁게 나누는 것, 그것이 아이들이 미래를 준비하는 학교, 우리 교육의 올바른 방향일 것이다.

충분히 시간을 투자한 뒤 진행한 수업 안에서는 학생들이 깊게 몰입하고, 성장의 지점이 분명하게 느껴진다. 그러한 성장을 느끼면 교사로서의 자존감도 높아진다.

교사의 힘은 바로 수업이기 때문이다.

학교의 3월이 안타깝다. 학교의 주인이 업무가 된 듯 어쩔 도리 없이 선생님들은 업무에 집중하고 있다. 학교는 학생을 교육하는 곳, 학생들이 성장하는 곳이어야 한다. 학교에서 아이들은 선생님을 만난다. 그리고 수업을 만난다. 교사는 그 수업에 힘을 써야 한다. 당연한 이야기들이 어려운 여기가 '지금의 학교'다.

ps. 오늘도 동동거리며 업무를 쳐내느라 학생들과 깊이 만나지 못했습니다. 마음이 무겁습니다. 문득 이렇게 일 년이 지나갈까 걱정이 됩니다.

4월을 보내는 모든 선생님을 응원합니다

적응의 달, 3월이 훅 지나니 느리게 가는 달, 4월이 찾아왔다. 학교의 3월은 정말 정신없이 지나가고 그다음 바통을 이어받은 4월은 가는 듯 멈춘 듯 하다. 적응기가 지나고 편안해졌다 싶으면 기다렸다는 듯 사건들이 마구마구 터지곤 한다.

긴장과 어색함으로 쭈뼛쭈뼛한 탐색 기간인 3월이 지나면 숨어 있던 각자의 장단점이 새순처럼 올라와 꽃을 피우듯 하나둘 보이기 시작한다.

4월에 들어서면 두 가지 스타일의 결이 다른 말풍선이 담임 선생님들의 머리 위로 둥둥 떠오른다.

'올해 애들을 잘 만난 것 같아, 다행이야.'
'나는 올해 망했어, 일 년을 어찌 보내나.'

4월이 되어 우리 반이 대체로 무난하고 호흡이 잘 맞는다고 느끼면 쭉 일 년 그 느낌대로 지나가곤 한다. 반대로 여기저기 담임이 돌보아야 할 아이들이 잔뜩 모인 반을 만났을 때는 1년이 캄캄하다. 거기다, 3월부터 별나고 용감한 학부모의 존재가 교사를 불쑥불쑥 괴롭게 했다면 학교로 향하는 교사의 걸음은 더 무거워질 것이다.

교사의 어깨 위에 앉은 무거운 역할이 담임만으로 끝난다면 그 역할에만 에너지를 쏟아 반 아이들을 다듬어 가며 버텨 보겠지만, 교사의 두 번째 역할인 수업이 있다. 수업 시간에는 정말 수많은 일들이 발생한다. 다양한 부류의 아이들을 파악하고 교육 과정을 재구성하여 수업을 잘 디자인해 어떤 일이 발생할지 모르는 수업 안에서 아이들과 잘 만나야 한다. 수업 안에는 아이들과의 좋은 만남, 불편한 만남이 존재하기 때문이다.

3월에는 분위기를 파악하느라 긴장했던 교실 분위기가 4월이 되면 차츰차츰 무너진다. 따뜻한 봄바람이 몰고 오는 잠을 붙잡아 교실 안에서 잠자는 아이들이 생긴다. 교사는 알람 시계가 되어 그 아이들을 깨우고 어느 날은 벌점으로 협박하기도 한다. 그리고 깨어 있으나 다른 아이들의 수업 의지까지 무너지게 하며 분위기를 흩트리는 아이들도 있다. 그 아이들을 이끄느라 온 에너지를 뺏기는 날은 잘 따라와 주는 아이들에게 미안한 마음이 들어 갈팡질팡 물음표를 던지며 하루를 마무리한다.

그런 날, 교사의 말풍선에는 '오늘 수업은 망했어'가 그려진다. 여기까지는 그래도 잘 견딜 수 있다. 뭐 어찌 되었든 아이들과의 만남이니까 최선의 노력을 해 본다.

마지막으로 '교사의 업무'가 있다. 교사에게 업무란, 잘해야 하는 부담감이 큰 무거운 짐이다. 업무는 바로바로 보이는 것이기에 보통은 업무에 더 힘을 쏟는다. 시스템상으로 업무를 처리하게 되고, 메신저를 사용하여 업무 협조를 요청하다 보니 문서의 오류와 메신저 폭탄은 늘 스트레스다. 왠지 스마트한 시대에 교사의 업무는 역행하고 있는 느낌이다.

이렇게 교사는 담임 업무, 수업, 행정 업무 세 가지를 기본으로 담당하며 학교에서 쉴 틈이 없다. 여기서 기본이라고 지칭하는 이유는 학교 안에서 지내며 교사의 마음을 힘들게 하는 '관계'들이 있기 때문이다.

학생 인권이 크게 강조되면서 교권이 추락하게 된 것은 사실이다. 학교 현장에서는 교권을 침해받는 사건들이 해마다 늘고 있다. 인성교육을 강조하고 관련된 활동들을 통해 행복한 학교를 꿈꾸지만, 학생들의 불손한 태도와 욕설은 그들의 선택이기에 어찌할 도리 없이 교사는 갑작스럽게 마음에 상처를 안는다. 학부모의 안하무인 태도는 교사를 더욱 힘들게 한다. 갑자기 어느 날 던져지는 상처의 말들로 한순간 무너지기도 한다. 큰 상처가 어떨 땐 곪는다. 곪고 또 곪아 병원을 찾는 교사들도 늘고 있다.

교사들은 '관계'의 상처를 대비하여 어쩔 수 없이 자신을 스스로 지킬 수밖에 없다. 그 지킴의 방법 세 가지를 제안해 본다.

교사, 자신을 자주 들여다보아야 한다.

"학생들을 보아야 한다.", "공동체를 바라봐야 한다.", "감정 이입과 공감을 잘해야 한다." 등의 이야기를 교사들에게 한다. 정작 교사 자신에 대한 자기 지각과 인식의 시간은 낯선 이야기이다. 자기 내면을 바라보고 내가 가진 취약점과 강점을 찾을 수 있어야 한다. 알아차리지 못했던 내 안에 있는 자원들을 발견할 수 있어야 한다. 나를 지각하고 나와 만나는 것, 그것이 첫 번째 방어막이 되어 줄 것이다.

자아 존중감을 높이는 것에 의식적으로 힘을 써야 한다.

자아 존중감은 자신이 사랑받을 만한 가치가 있는 소중한 존재이고, 어떤 성과를 이루어 낼 만한 유능한 사람이라고 믿는 마음이다. 자아 존중감을 통해 자신의 정체성을 긍정적으로 확립한다면 누군가가 옆에서 흔들어 대도 꼿꼿하게 견디는 힘이 생길 것이다. 자신을 믿고 자신을 신뢰하는 마음, 그 마음을 키워야 한다. 자아 존중감의 상실은 회피의 심리와도 연결된다. 무언가 뜻대로 안 될 때 바닥으로 떨어지는 나의 마음을 살펴보자. 그것이 회피라는 것을 알아차리는 것만으로도 떨어짐을 멈출 수 있을지도 모른다.

평소 실천할 수 있는 자아 존중감을 높이는 방법으로 세 가지를 제안한다. 첫 번째로 자신과 타인을 비교하지 않는다. “나는 나고, 너는 너다”라고 다름을 인정하는 것이다. 현재 내가 가진 그것에 감사하며 다른 사람이 나를 어떻게 볼까를 고민하는 것보다 나를 더 들여다보고 있는 그대로 인정해 보자. 두 번째로 ‘자기 암시’이다. ‘나는 할 수 있다’ ‘나는 특별한 사람이다’라고 자신에게 끊임없이 용기를 주는 말들을 해 보자. 실수하거나 자신에게 실망스럽더라도 격려하고 응원하는 말을 건네어 보자. 세 번째로 자기 모습을 점검해 보자. 당당하고 바른 자세는 마음을 바꾼다. 어깨를 펴고 허리를 세우고, 보폭도 크고 당당하게 걸어 보자. 그 걸음으로 자신이 믿음직스러워 보일 것이다.

이미 다가온 상처를 털어 내기 위한 OFF 연습이 필요하다.

세탁 건조기가 멈추지 않고 계속해서 돌아가거나, TV를 계속해서 켜 둔다면 어떤 일이 생길까? 결국 고장이 날 것이다. TV에서 무서운 장면이 나올 때 우리는 안고 있던 쿠션으로 얼굴을 가리거나, 리모컨으로 TV 전원을 OFF 할지도 모른다. 나에게 다가온 상처에 TV 전원을 끄듯이 OFF 스위치를 누르자. 계속해서 떠올리고 생각한다면 TV가 계속해서 켜져 있는 상태와 같다. 결국 내 마음이 고장 날 것이다.

주변의 가까운 동료들과 실컷 마음을 이야기하고 난 뒤, 그 이야기와 함께 털어 버리는 건 어떨까? 내일 TV를 켜면 새로운 광고가 등장하듯, 내 안에 자기 확신과 자아 존중감을 꽉 채워 등장해 보는 건 어떨까?

누군가가 아무리 흔들어 대도, 꺾으려고 해도, 무시무시한 언어로 덤벼들어도 그렇게 우리는 교사의 삶을 우아하게 지킬 수 있을 것이다.

ps. 그렇게 우아하게 지키고 싶은 것이 교사의 삶이었다. 우리는 말하지 않아도 서로 알고 있다. 교사들의 무너짐과 선택이 너무 가깝게 우리들의 일처럼 느껴져 모두가 몹시 아프다. 지금 학교는 아무 말 없이 아프다. 교사는 힘이 없고, 무너짐을 숨긴 채 스스로 지킬 수밖에 없는, 보호해 주지 않는 불안한 학교로 다음 날 또 출근한다. 하루하루가 위태롭고 불안불안하다. 교사들에게 이야기한다. 수업의 질을 높여라, 아이들과의 라포를 잘 만들어라, 이만큼의 업무를 잘 해내라, 아니 이만큼 더. 더. 업무 과중은 대한민국 모든 교사들의 무거운 짐이며, 교권 추락 등 여러 가지가 복합적으로 공존하여 교사에게는 모든 것에 대한 힘이 없다. 며칠째 마음만 먹먹하다.

교실은 썸 타는 중

교실의 3월은 비교적 고요하고 차분하다. 학생끼리도, 교사와 학생들 사이도 서로를 탐색하는 시간이 오고 간다.

20년 차가 되니 3월, 아이들과의 탐색 기간이 썸 타는 것처럼 설레고 즐겁다. 어느새 스며든 수업 지향점의 방향으로 수업을 이끄니 자연스레 아이들과 출렁인다. 교사의 열정과 진심은 언어와 제스처로 전달된다. 커뮤니케이션과 관계 형성이 신뢰가 되어 어느 날은 서로의 눈에 하트가 뿅뿅하기도 한다.

아직은 여리고 단단하지 못한 고등학교 여학생들에게 학교에서 만나는 교사의 존재가 삶에서 얼마나 큰 의미일지를 잘 알고 있다. 자신을 지지해 주고, 잘되게 해 주려는 교사의 마음은 아이를 변화시킨다. 그 응원이 전달되면 하루하루를 견디듯 쓰러져 있던 아이가 어느 날 수업 안으로 들어와 "샘~" 하고 부른다. 그날 하루는 기쁨이 에너지가 되어, 그 에너지를 받은 아이들이 또 다른 기적을 만들기도 한다.

3월의 교실에 뿌려지는 교사의 에너지가 일 년을 좌지우지함을 알기에 하루하루의 어깨가 무겁다. 그래서 나의 3월은 촘촘한 계획과 성찰의 시간들로 채워져 있다.

그 성찰의 시간 안에서 나에게 질문을 던져 본다. 그동안 3월, 수업 안에서 아이들과 만나며 어떤 시선으로 그들을 바라보았을까? 시선이란 것을 주었던 걸까? 그저 수업을 위한 수업을 한 것은 아닐까? 나를 되짚어 보았다. 수업의 결과물을 쫓아가며 시선이 머무를 틈이 없이 달렸던 아찔했던 순간들이 마음에 박혔다.

'여유.'

나에게 필요했던 그것을 찾아내어 드디어 교실 안에서 시선을 머무르며 아이들과 천천히 걸어 본다.

'봄이구나', 따뜻함이 바람에 담겨 창으로 들어왔다.

처음으로 나는 교실에서 썸 타는 3월을 느꼈다. 시선에 마음이 담기니, 진심이 전달되어 신뢰로 연결되었다. 예측하지 못한 상황들에 뾰족했던 감정들이 유연해지고, 스쳐 지나가며 전해지는 서로의 인사에 설렘이 묻어났다.

20년 차에 어쩌면 나는 기적을 만나고 있는지도 모른다.
학교가 신나고 즐거워졌다.

가치와 신념이 삶을 이끈다

열정을 끓어 올려 지낸 시간에 부대꼈는지, 올해를 시작하며 '열심히 살지 않게 노력하기'를 섣부르게 목표로 정하고 강단 있는 글씨체로 다이어리에 써 내려갔다.

열정이 다 타올라 꺼져 버렸던 걸까? 그렇게 정말 남은 교직 생활을 지내고 싶었다. 최선을 다했던 삶을 스스로 부정했던 거다.

복직을 앞둔 2월, 모두가 꺼리는 업무, 취업 부장으로 업무를 배정받고 무거운 마음으로 올해 수업을 계획하며 뒤죽박죽 파일 정리부터 시작했다. 아이들의 과제물들을 꺼내어 살펴보며 이상하게도 가슴 한편에서 뭉클함이 올라왔다. 본능적으로 스며드는 이 감정은 교사로서 품고 있었던 가치와 신념이었다.

일 년 새 조금 더 단단해진 그것은 아주 자연스레 나를 이끌어 시들어 가던 나를 움직이게 하고, 막막해서 두렵기만 했던 일들에 길을 만들어 주는 느낌이었다. 정말 그랬다. 처음 맡는 업무가 두렵지 않게 되었다.

'아이들이 제대로 배우고, 느끼고, 잘 성장하여 사회가 필요로 하는 사람으로 첫 발을 딛게 하는 것.'

수업에서의 지향점이 어느새 맡은 업무의 목표로 자연스레 이어져 갔다. 취업부의 일 년의 목표는 적당한 취업 업체를 아이들에게 매칭시켜 취업률 올리기가 아니다. 취업률이 몇 프로냐는 연말의 성과 따위에 연연하는 교사답지 못한 함정에 빠지지 않을 것이다.

아이들이 지닌 보석을 스스로 발견하게 하고 어떤 진로를 선택하든 그들이 딛는 사회의 첫발에 '자신감'이란 신을 신겨 내보내고 싶다. 일 년 동안 나는 우리 부서 선생님들과 그러한 비전을 공유하고 마음을 모아 우리 아이들의 의사소통 능력, 공감 능력, 그리고 직업인의 기본적 소양 능력 등을 한 단계 높이는 역량 강화 활동에 중점을 두어 그들의 성장을 느끼며 신나고 즐거운 교사 생활을 할 것이다.

처음 맡은 업무가 두렵고 답답했는데 불쑥 만들어진 일 년의 계획과 비전은 놀랍게도 단단해진 나의 가치와 신념이 만들어 냈다. 젊은 시절이 무척이나 그립지만, 빛나는 젊음의 기운 대신 가치와 신념이 점점 단단해지는 지금은, 든든하다.

그래서 나는 지금이 설렌다.

'두근두근.'

정년퇴직할 수 있을까요?

정년퇴직을 일주일 앞두신 선생님께서 손수 맛있는 커피를 내려 주셨다. 교사로서의 마지막 일주일을 맞이하는 마음은 어떠실까? 시원섭섭하다는 뻔한 답이 아니라 교사의 삶 안에 켜켜이 쌓인 이야기를 듣고 싶었다. 그 어렵다는 정년까지 고되고 힘든 교사로서의 시간을 어떤 마음으로 채우셨을까? 그 채움 안에는 어떤 이야기들이 있을까? 후배로서 한 수 배우고 싶었다.

하지만 그해의 나는 업무로 인해 너무 바빴고, 따뜻한 커피를 나누며 이야기를 시작하려던 찰나, 나를 찾는 전화에 불려 교무실로 내려가야 했다.

정말, 학교는 그때나 지금이나 숨 쉴 틈이 없다.

그리고 퇴임식 날이 왔다. 퇴임식에서 하신 말씀에 그동안 궁금했던 선생님의 이야기가 담겨 있었다. 주관적인 나의 생각이지만 그 생각으로 신념을 세울 수 있었다.

"3월 2일, 아침 8시 30분에 해장국 집에서 해장술을 술잔에 채우고 여러분들을 위해 건배를 외치겠습니다."

"위하여."

제2의 삶이 시작될 3월 2일이 되자, 학교로 출근하는 우리를 위해 "위하여"를 외쳐 주신다는 말씀에 마음이 뭉클해졌다.

'선생님은 마지막 그날까지도 위로와 응원이 필요했던 게 아녔을까?'
'퇴임식 날 왜 '해방'이 느껴졌을까?'

명예퇴직의 교사 수가 매년 크게 증가하고, 요즘은 정년퇴직의 경우를 거의 만나기가 어렵다고 한다. 교직 생활의 고충이 보이는 부분이다. 퇴직까지의 근무 연수를 계산하며 한 해 한 해를 버티는 듯 보이는 선생님들도 주변에 보인다.

'교사가 어떻게 하면 정년까지 기쁨과 벅참으로 지낼 수 있을까?'

나의 저 경력 시절, 교직 생활이 순탄치만은 않았기에, 변화하고 싶었다. 늘 결핍된 느낌에서 벗어나고 싶었다.

학교에서의 삶이 즐겁고, 학교로 가는 출근길이 행복해지고 싶었다. 육아 휴직을 마무리하던 해, 복직을 앞두고 이런저런 고민을 했다.

'남은 25년, 교사로서의 삶이 행복하려면 무엇을 해야 할까?'

'삶의 반은 학교에서 보내야 하는데 그 시간이 편안하고 즐거울 수 없을까?

늘 한결같은 열정적인 모습의 선배 교사와 깊은 대화를 나누었고, 교육과 수업에 관련된 서적들을 읽으며, 찾은 답은 이것이었다.

- 수업이 편안해져야 한다.
- 수업만큼은 내 편으로 만들자.
- 수업을 잘하는 교사가 되자.

『최고의 교사는 어떻게 가르치는가?』에서 더그 레모브는 "교사들이 성취감을 느끼며 하루를 마감하고 스스로 한 뼘 더 성장했다고 느낀다면, 오랫동안 교직에 몸을 담고 탁월한 성과를 창출하며 즐겁게 일하는 자세로 다른 사람도 감동시켜 거꾸로 조직에 엄청난 보상을 안겨 줄 것이다."라고 이야기한다.

그렇다. 교사들에게 주어지는 하루의 채움이 꾸역꾸역 견뎌야 하는 것일 수도 있고, 성취감이 즐거운 에너지가 되어 하루가 지나감이 아쉬울 수도 있다. 나는 후자가 되고 싶었다. 그리고 그 답이 수업에 있다고 생각했고, 수업에서 답을 찾기 시작했다. 수업 관련 서적에서 나의 가치관과 닮아 있는 부분을 발견하며 감탄하기도 하였고, 수업 모임(수업과 성장 연구소)에서 내 수업을 함께 고민해 주는 동료들을 만날 수 있었다. 그리고 자연스럽게 수업의 지향점이 발견되었고, 수업이 점점 편안해졌다.

지향하는 지점을 알고 나니, 그전보다 수업에 들이는 애씀의 시간이 많아졌다. 대신 수업 안의 상황들을 예측하여 대처할 수 있는 내공이 생기기 시작했다. 수업을 구상하고 촘촘하게 디자인하여 아이들과 함께 수업 안에서 출렁이고 난 뒤 나에게 다가오는 성취감은 그 어떤 디저트보다 달콤했다. 나는 그 달콤했던 수업 안에서 정년퇴직까지 행복한 교사로 지낼 수 있는 답을 찾았다.

행복하고 즐거운 교사로서의 삶은 수업을 통해 만날 수 있는 교사의 성장, 성취감, 동기가 이끌어 줄 수 있다.

학교에서 우리는 학생들의 성장, 성취감, 동기 등에 큰 의미를 부여하고 그것을 위해 부단히 애쓴다. 물론 매우 중요한 것이다. 하지만 교사 자신의 성장, 성취감, 동기가 없이 그저 학생들만을 위해 전력으로 달린다면 끝까지 완주할 수 없다.

교사 성장의 원동력은 수업이다.

언제나 어렵고 막막하고 힘든 '수업'이 성장의 원동력이라고 하니 마음이 답답해질 수도 있다. 수업을 고민하고, 내 수업의 지향점을 찾는 것, 우선 그것부터 해 보자. 그 시작이 큰 이끎이 되어 줄 것이다. 수업에서 지향하는 방향을 찾는 일은 여러 갈래의 뒤죽박죽 길에서 하나의 제대로 된 길을 만나게 해 준다. 그리고 수업이 행복해진다. 수업이 즐거워진다면 꾸역꾸역 하루를 견디며 마지막 날을 손꼽아 기다리지 않아도 된다. 아이들과 매년 함께 성장하는 기쁨으로 교사로서의 시간이 지나감이 아쉬운 날들이 반드시 올 것이다. 우리는 정년까지 수업에서 즐거움을 찾는 교사로 살아가야 한다. 그것이 행복한 교직 생활의 답이다.

교사의 성취감 역시 수업과 연결되어 있다.

교사의 지휘에 학생들의 협주가 멋지게 연주된다면 그때의 성취감은 교사에게 그 어떤 디저트보다 달콤한 선물이 되어 줄 것이다. 수업에서 성취감은 학생들의 성장이다. 학생들을 살펴 필요한 것이 무엇인지, 어떤 역량을 키우는 것이 중요한지를 먼저 찾아야 한다. 아이들의 장기적인 성장지점을 구체적인 목표로 설정하여 수업을 이끌었을 때, 아이들은 생각했던 것보다 더 크게 자라 있었다.

교사의 동기는 무엇일까?

수업에 힘을 쏟아 아이들과 함께 호흡하고 출렁이고 싶은 마음, 한 사람 한 사람을 바르게 성장시키고 싶은 마음, 아이들을 세상의 멋진 구성원으로 키워 사회에 발 딛게 해 주고 싶은 신념이 교사의 행복한 출근길의 동기가 되어 줄 수 있다. 분명 선생님 안에 단단한 신념이 숨어 있을 것이다. 그 신념을 발견하고, 그것을 꺼내어 보자. 아이들을 만나러 가는 출근길을 즐겁게 해 줄 것이다.

이 모든 것과 함께라면 학교로 가는 출근길이 즐거운 교사로, 그리고 삶의 행복도가 높은 한 사람으로 단단하게 설 수 있을 것이다.

Chapter 2

수업의 시선

수업에서 아이들과 만납니다

교사의 가슴 한편의 무거운 짐은, 수업이었다.

수업을 잘하고 싶었어요

수업이 주는 기쁨, 수업의 만족감은 교사들에게 얼마나 큰 힘이 되는지 모른다. 하지만 수업은 잘해도 어렵고 보통은 망했다고 느끼는 경우가 많다. 그렇다. 늘 수업은 어렵다.

좋은 수업을 위해서는 많은 시간을 쏟아야 하고, 보통은 쏟은 시간에 비해 수업이 별로였다고 생각되는 날들이 많다. 교사의 삶에서 수업이 반 이상을 차지하는 것을 알기에 잘하고 싶은데, 수업은 왜 이렇게 힘들고 어려운 걸까?

교직 3년 차 어느 날의 일기장

분명 교재 연구를 열심히 하고, 활동지들도 꽉 차게 만들어 교실에 들어갔는데 만족스럽지 못하다. 뭔지 모르겠지만 늘 가슴 한편이 채워지지 않고 매일 하루살이로 수업 준비를 하면서 아등바등하는 내가 싫다. 벌써 3년 차인데도 수업에 자신이 없다. 자괴감이 들 때도 많고 교사로서의 삶이 만족스럽지 않다. 잘하고는 싶은데 방법을 모르겠다. 무엇부터 시작해야 할지 막막하다. 늘 빈틈투성이인 내가 싫다. 수업 시간, 교실 문을 열고 들어가는 것이 부담스럽다.

교직 5년 차 어느 날의 일기장

학생들에게 나는 어떤 교사일까? 제대로 수업을 하고 있을까? 수업 시간에 그저 작품을 완성시키기 위해 시간을 보내고 있는 듯하다. 계속해서 나는 수업이 목마르다. 아이들이 잘 따라와 주고 결과물도 괜찮은 편인데 몇 퍼센트가 부족한 느낌이 계속해서 나를 괴롭힌다. 오늘은 특히 가슴 한편이 먹먹하다. 수업을 잘하는 교사가 되고 싶은데 나는 지금 잘하는 척하는 교사다.

긴 육아 휴직 후 복직을 앞둔 어느 날의 일기장

복직한다니 설레고 기쁘다. 엄마로 불리던 내가 다시 내 이름을 찾은 듯해 의욕이 그 어느 때보다 충만하지만 두려움도 크다. 그것은 수업에 대한 두려움이다. 긴 세월 동안 교육 과정이 바뀌었고 새로운 교육 관련 용어들이 생소하기만 하다. 아이들 한 명 한 명 모두 누군가에게는 소중한 딸들일 텐데…, 어쩌면 한 아이의 인생을 만들어 내는 일을 하는 사람이 교사일 텐데…, 나는 그 아이들과 어떻게 마주해야 할까? 나는 정말 중요하고 무거운 사명을 가지고 교사가 된 것인지도 모른다. 그 무거운 책임감을 어떻게 풀어 나가야 할까? 분명 긴 육아 휴직의 시간은 나를 이전과는 다른 교사로 만들었다. 교사 안에 엄마의 마음이 덧입혀지며 예전과 다른 마음을 가진 교사가 되어 복직하게 된다. 그런데 무엇부터 시작해야 할까? 수업이 가장 큰 고민이다.

지나간 기록들을 보며 '교사로서 나는 고군분투했구나.', '답을 찾지 못한 채 방황했구나.' 그 시절의 나를 만나 토닥토닥해 본다.

우연한 기회로 수업과 성장 연구소의 '수업 알아차림' 과정에 참여하게 되었다. 그 우연은 교사로서의 내 삶을 명쾌하고 흔들리지 않게 해 주었다. 내 수업 안에 멈추어 충분히 머물렀고, 선생님들의 따뜻한 공감을 만나 수업의 지향점을 알아차리는 과정은 마치 마법과도 같았다. 어쩌면 수업이 어렵기만 하고 두려운 이유는 과중한 업무에 치여 내 수업과 찬찬히 마주하지 못한 이유인지도 모른다.

수업 안에 머무는 교사 자신을 바라보는 것, 수업의 고민이 무엇이었는지 알게 되는 것, 가장 중요한 내 수업의 지향점을 알게 된 것은 '수업 알아차림' 대화 덕분이었다. 수업 촬영 영상을 함께 보며 선생님들은 공감을 담은 질문을 해 주었고, 그 질문에 대한 답을 찾기 위해 내 수업에 한참을 머물렀다. 그리고 수업을 평가받는 것이 아니라 놀랍게도 나의 힘으로 수업의 지향점과 문제점, 해결점을 발견할 수 있었다. 수업자를 지지하고 공감하며 던진 선생님들의 질문은 정말 마법과도 같았다.

그 과정에서 나는 수업 안의 나를 있는 그대로 존중받고, 공감받았으며 그동안 느꼈던 수업의 빈틈을 따뜻하게 채울 수 있었다.

'내가 많이 노력하고 있구나.'
'내 수업도 장점이 있구나.'
'내가 가진 자원이 이것이구나.'

선생님들의 공감적 질문을 통해 이미 나에게 있었던 자원들을 발견하게 되면서 교사로서의 자존감도 올라갔다.

이전에는 나를 탓했다면 이제는 내가 지향하는 수업의 방향을 알게 되면서 그렇게 애쓰지 않아도 괜찮다고, 천천히 가도 문제없다고, 스스로를 토닥일 수 있게 되었다. 그리고 수업 코칭자로 활동을 하며 다른 선생님들의 수업 알아차림을 도울 수 있었고, 마법 같은 순간을 함께 경험하며 값진 뿌듯함을 느낄 수 있었다. 수업 고민의 해결점을 선생님 스스로 알아 가는 과정에 작게나마 도움이 되는 존재가 될 때, 그 기쁨은 말로 표현하기 힘들 정도로 벅차다.

수업 알아차림 과정을 통해 교사로 바로 설 수 있는 힘을 얻고, 회복하고, 나를 지지할 수 있었다.

그 경험을 많은 선생님들과 나누고 싶다.

교사의 가슴 한편의 무거운 짐은 '수업'이다. 많은 선생님이 수업 때문에 자책하고 힘들어한다. 그것은 한 명의 교사가 많은 아이들의 인생에 영향을 준다는 것을 알고 있기 때문이다. 그리고 그 아이들을 만나는 가장 많은 시간은 수업 시간이다. 즉, 교사의 본질은 수업이다.

소박하고 일상적인 열정이면 된다. 그 열정으로 찬찬히 바라보자.

'나는 어떤 수업을 하고 싶은가?'
'나는 어떤 교사이고 싶은가?'

수업 알아차림 과정을 경험하며, 내 수업의 지향점이 스스로 몰입하는 수업'이라는 것을 알게 되었다. 그래서 삶과 연계된 수업의 주제로 프로젝트 활동을 기획하였고, 몰입을 위한 동기 유발과 피드백에 힘을 쏟을 수 있었다.

'수업이 힘들고, 어렵고, 두렵다'는 생각만으로 끝나는 것이 아니라 수업을 잘하고 싶다는 마음이 있다면 그것이 수업의 성장을 이끄는 시작이 될 것이다.

잘하고 싶다는 그 마음이 바로 수업에 대한 열정이다.

아이들을 만나러 교실로 갑니다

만난다는 것은 서로 마주 보는 것, 그리고 함께 걷는 것, '서로' 그리고 '함께', 그래서 혼자 있을 때 만남은 이루어질 수 없다. 수업 또한 둘 혹은 여럿이 만나서 함께 출렁여야 즐거워진다.

'그런데 나는 아이들과 만나기 위해 교실 문을 연 적이 있었던가?'

그것을 15년 차 교사가 되어 알게 되었다. 아이들을 가르치기 위해 수업을 하는 줄로만 알았다. 수업 시간에 재밌는 활동지를 만들어 그것을 설명하고 해결하는 것이 교사의 역할이라 생각했던 수많은 날들이 있었다. 그래서 수업이 짐이었던 때가 있었다. 나는 분명 열심히 공부해서 가르치는 사람인 교사가 되었는데, 왜 수업이 이렇게 부담스러운 건지, 스스로에 대한 불신과 책망으로 아프던 날들이 있었다.

'나는 교사니까, 너희들을 가르치는 사람이니까, 내일은 무엇을 어떻게 가르쳐야 하나?'라는 의문만이 있었고, 그때마다 수업 준비에 열과 성을 다했다. 하지만 매번 구멍 난 독에 물을 붓는 기분이었다. 분명 무언가에 결핍을 느끼고 있는데, 답을 찾지 못했다. 무수한 날들 동안.

아이들은 출발 지점에서 출발 신호를 기다리며 뛸 준비를 하고 있는데, 교사는 벌써 저 앞에서 결승선 띠를 들고 1등을 기다리고 있는 상황은 가르침만을 했기 때문이다. 아이들을 보지 않은 것이다. 즉 '만남'을 하지 못한 상황이다. 아이들을 만나러 교실로 간다는 생각이 내 안에 스며들면서부터 수업이 편안해지기 시작했다. 그리고 그 '만남'에서 중요한 것은 학생들을 '바라봄'이었다.

교사는 그날의 수업 안에서 학생 한 명 한 명을 볼 수 있어야 한다. 물론 학생들 역시 교사를 봐야 한다. 무너지고 있는 현실 교실 안에서 이 부분이 가장 어려운 문제다. 학생들 전체가 수업 안으로 들어와 교사를 반짝이는 윤슬 같은 눈빛으로 바라봐 준다면 얼마나 좋을까? 현실 교실에서는 책상에 엎드려 자는 학생들이 존재하고, 그 학생을 깨우는 일에 시작부터 에너지가 소진되어 버린다. 만남의 설렘이 깨져 버리는 상황이다. 그래도 그 교실에서 선생님과 만나기 위해 반짝거리는 아이들이 분명 있다. 아니, 어쩌면 대부분 그럴 것이다. 아이들에게도 수업은 '만남'이라는 이야기를 교사의 언어로 앞서 전해 준다면 그 눈빛들이 더 반짝일지도 모른다.

'수업은 만남이라는 것.'
너무나도 당연한 것인데, 그 당연함을 놓쳤던 수많은 수업 시간이 있었다. 그리고 세월이 흘러 신념이 쌓이며 만남을 우선에 두고 교실로 발걸음을 했던 수업 시간이 있다. 두 상황의 가장 큰 차이는 수업에서의 즐거움이다.

만나니 아이들이 먼저 보였고, 그들의 어려움, 생각들, 결과로 나아가는 과정들의 소중함이 마음에 담겼다. 수업 결과물의 기대치를 채우기 위해 앞만 보고 달렸던 내가 아이들이 성장해 가는 과정 하나하나에 의미를 담기 시작했다. 그랬더니 수업 준비는 더 촘촘해지고, 그들의 발걸음에 속도를 맞출 수 있었다. 무엇을 가르쳐야 하는지가 명확해지고, 좀 더 천천히 가도 괜찮아졌다.

오늘 교실에 들어서기 전 마음속으로 이야기해 보자. 여러 번 경험하면 자연스러워진다. 자연스러워지면 그때는 내 것이 된다. 수업이 편안해진다.

오늘도 교실에 들어서기 전, 마음으로 이야기해 본다.

'너희들을 만나러 왔어.'

모두가 함께 출렁이는 수업을 위해

교실 안에는 학업에 임하는 세 부류의 아이가 있다. 잘하는 아이, 잘 못하는 아이, 안 하려는 아이다.

잘하는 아이는 그저 교사의 존재를 마음에 담아 주고, 활동과 평가 내용만을 안내해도 잘한다. 큰 힘을 쏟지 않아도 교사에게 기쁨을 주며 스스로 성장한다. 물론 잘하는 아이에게도 교사와의 관계 형성과 피드백은 중요하다. 좀 더 수준 높은 발문을 하고 어려운 수행 과제를 주어도 곧잘 해낸다. 고차원의 이론적인 내용을 안내하면 새로운 앎의 기쁨으로 두 눈이 반짝인다. 지식을 탐구하기를 즐겨하고, 그동안 쌓인 성취감으로 자신감이 넘친다. 교사는 같이 그 길을 걸어 주며 안내자의 역할만 해도 충분하다.

잘 못하는 아이는 잘하는 아이의 기준에 맞추어서는 안 된다. 수업 안에서의 패배감은 안 하려는 아이로 만들 수 있기 때문이다. 어떤 형태로든 성취감을 만나게 해 주는 것이 중요하다. 쉽게 설명해 주고 예시를 보여 주며 단계를 자세하게 안내해 줘야 한다. 잘하지는 못하지만 하고자 하는 의지가 있기에, 이 아이에게 중요한 것은 단계별로 쉽게 다가갈 수 있게 계단을 만들어 주는 것이다. 교사는 아이의 수준을 잘 파악하여 좀 더 친절하고 꼼꼼한 안내자가 되어 주면 된다.

마지막 지점쯤에 잘하는 아이를 멘토로 붙여 도움을 받게 하면 결과물의 퀄리티가 한 단계 높아진다. 그때는 멘토를 하는 아이도 함께 성취감을 느낄 수 있다.

그리고 안 하려는 아이가 있다. 교사의 가장 큰 고민거리이다. 안 하려는 아이는 우선 교실의 수업 분위기를 흩트린다. 딴짓하거나 엎드려 잠을 잔다. 수업 참여는 내 일이 아니라고 선언하는 듯 온갖 비언어적인 표현으로 "나 건들지 마세요"를 보여 준다. 이 아이들은 그들만의 방어막을 친다.

이유가 무엇일까? 오랫동안 아이들을 관찰했다. 그리고 아이들과 개별적인 만남을 가지며, 어떻게 수업 안으로 이끌지를 고민하고 실천해 보았다. 정말 다양한 이유가 존재했다. 가장 공통적인 것은 목표 부재였다. 무엇을 위해 공부를 해야 하는지를 모르고 있었다. 그 안에는 가정의 문제, 친구와의 문제도 함께 존재하는 경우가 많았고, 어린 시절부터 학교에서 인정받지 못함에 따른 패배감이 무기력함을 만들어 낸 경우도 있었다. 또한 칭찬받은 경험이 부족했고, 스스로에 대한 자존감이 낮은 친구가 많았다.

그리고 수업과 교사에 대한 불신이 컸다. 한 번도 칭찬받지 못했던 수업 시간이 좋을 리 만무하며, 나를 인정해 주지 않는 교사에 대한 마음이 호감일 수가 없을 것이다. 그렇게 쌓이고 쌓여 안 하려는 아이는 계속 안 하게 되고, 학습된 무기력처럼 그냥 그 모습이 습관이 되어 버린다.

실제 학교 현장에서 교사들은 안하려는 아이들을 어떻게 지도하고 있을까? 많은 교사가 이 아이들에 대한 어려움을 호소하지만, 적극적으로 이끄는 것에 온 힘을 다하지는 못한다. 어쩌면 그 아이를 일으켜 세우기 위해 온 힘을 쏟아 보다가 실패를 반복한 경험이 많아 지쳤을 것이다.

나 또한 안 하려는 아이와 수업 시간에 힘겨루기도 해 보았고, 교과 수업 외에 따로 불러 여러 차례 상담도 해 보았다. 어느 날은 그 아이의 어머니와 통화를 해 보기도 했다. 하지만 그 어떤 애씀도 아이의 마음을 바꾸지 못했다.

어느 날, 교실 앞을 지나가다가 바리스타 직업 체험에 참여하여 큰 목소리를 내며 신나게 활동하는 그 아이를 보았다. 순간, 작은 배신감과 함께 머릿속이 복잡해졌다.

'내 수업에는 저렇게 참여하지 않는 이유가 무엇일까?'
'어떻게 하면 수업 안으로 이끌 수 있을까?'

고민 끝에 나는 아이들의 현재, 삶과 연결된 수업을 떠올리게 되었다. 그리고 아이들과 성공적으로 만난 수업의 결음 안에서 함께 출렁이는 수업을 위한 답을 어렴풋이 찾았다.

첫 번째 찾은 답은 관계 형성이다.
점심시간이나 쉬는 시간을 공략해야 한다. 약간은 의식을 해야 하기에, 아이를 변화시키고 싶은 마음이 교사에게 담겨 있어야 시작이 수월해진다. 교사도 사람이기에 그 아이에게 미운 마음이 당연히 생긴다. 세상에서 가장 쉽고 마음 가볍게 해 주는 게 남 탓이 아니던가? 수업이 잘 안되고 오늘이 힘든 이유가 그 아이 탓이라 생각할 수도 있다. 내 수업을 힘들게 하는 그 아이에게 미운 마음이 생길 수도 있다.

이런저런 마음을 비우고 쉬는 시간, 점심시간, 마주치는 내 눈에 밟히는 아이들에게 한마디 더 건네고, 심부름도 시켜 보고, 막대사탕 하나 건네며 아이를 내 편으로 서서히 스며들게 해 보자. 꽁꽁 닫힌 마음에 틈을 만들어 비집고 들어가 보자. '너에게 관심이 있고, 네가 잘되었으면 좋겠어.' 눈빛에 잔뜩 그 마음을 담아 아이를 만나 보자.

두 번째 찾은 답은 칭찬이다.

마음을 열고 조금만 관대해지면 된다. 칭찬할 작은 부분은 미운 마음을 눈에 끼워 보면 절대 보이지 않는다. 자고 있다면 깨워 보자. 움직임이 있다면 그 작은 움직임을 칭찬해 보자. "피곤한데, 일어나려고 노력하네, 그래, 오늘은 같이 한번 해 보자!" 아이는 엎드린 채로 가만히 있고 싶어도 "노력하네."라는 말을 들으면 그대로 있지 못할 것이다. 마음이 동하여 수업에 참여하면 아이는 교사에게 자신의 활동을 보여 주고 싶어 한다. 그리고 칭찬받고 싶어 한다. 당연한 수업 참여가 이 아이에게는 엄청난 큰일이기 때문이다. 이때, 교사는 구체적이고 세심한 칭찬을 해 주면 된다. 칭찬받은 아이의 어깨가 들썩일 것이다.

세 번째 찾은 답은 수업의 주제를 삶에서 가지고 오는 것이다.

아이들과 도시 브랜드 디자인을 주제로 우리 지역에 대한 경험과 감정을 형용사로 자유롭게 표현하는 브레인스토밍 활동을 하였다. 감정을 글로 표현하는 활동에 늘 방관했던 아이가 참여하였고, 발표까지 하며 적극적인 모습을 보여 주었다. 불러서 이유를 조심스레 물으니, 자신이 경험한 삶의 이야기를 풀어 가는 것에 흥미를 느꼈고, 활동을 통해 글 쓰는 것에 흥미가 있다는 것을 스스로 알게 되었다고 했다. 그리고 결과물을 전시회를 통해 공개적으로 소개하던 날, 아이의 표정과 몸짓에서 뿌듯함이 묻어 나왔다.

삶을 수업으로 가지고 왔을 때 아이들의 눈은 반짝였다. 잠자던 아이도 깨어나 함께 움직이기도 했다. 좀 더 흥미 있는 활동을 구상하여 만나는 날은 수업의 에너지가 맑고 경쾌했다.

아이들과 연관된 우리 지역, 자신의 현재, 그리고 지금의 사회 이슈 등을 수업 주제로 가지고 와 보자. 자신과 가까운 삶에 대해 스스로 생각하는 시간을 가지고, 문제를 해결하는 활동들은 분명 수업의 참여도를 높이고 모두가 출렁이는 수업의 답이 될 것이다. 다양한 교과에서 삶과 연결하여 교육 과정을 재구성한다면, 활용할 수 있는 주제들이 다채로울 것이며, 아이들이 몰입할 수 있는 창의적인 활동을 만들 수 있을 것이다.

네 번째 찾은 답은 지속적으로 아이의 존재를 긍정적으로 인정하는 것이다.

잘한 결과물이 중요하지 않다. 과정에 대한 피드백을 계속해서 해주고, 그 아이의 존재와 만나고, 활동을 인정해 주면 된다. 어쩌면 교실에서 잠을 자는 아이들의 존재를 우리는 외면했던 것이 아닐까? 내가 이 교실에서 중요한 사람이고, 꼭 필요한 사람이라고 느끼게 하기 위해서는 방관자가 있을 수 없는 짜임새 있는 모둠 활동을 추천해 본다.

다섯 번째 찾은 답은 교사의 열정이다.

'선생님을 믿을 수 있어', '선생님 수업에서는 뭔가를 얻을 수 있어', '선생님은 진심으로 우리를 생각해.' 아이들은 수업 안에서 선생님을 바라본다. 교사의 삶은 분명 아이들에게 영향을 준다. 열정이 아니어도 된다. 진심이 있으면 된다. 진심이 담긴 교사의 에너지는 아이들에게 전해져 수업 안에서 한 명의 낙오자도 없이 함께 출렁이는 순간이 올지도 모른다.

그렇게 다섯 가지의 애씀으로 수업의 방관자였던 아이들의 방어막을 서서히 거둬 내었다. 물론 모두 다 성공할 수는 없었다. 그저 최선의 노력을 다해 본다. 우리는 세상의 미래를 만들어 가는 교사이기 때문이다.

ps. 표정과 몸짓에서 '나 수업 안 해요! 건드리지 마세요.'라고 하던 친구들을 수업 속으로 데리고 와 학급 전체가 함께 출렁였을 때 수업 만족도는 최고였습니다. 완벽한 답은 아니었지만, 그 안에는 관계 형성과 칭찬, 삶을 주제로 한 수업, 존재 인정, 열정이 있었습니다. 물론 많은 에너지를 쏟아야 하기에 에너지 고갈로 녹초가 되기도 합니다. 교사가 심혈을 기울여 구상한 수업 활동이 어느 한 아이를 변화시킬 수 있다고 믿기에, 그리고 그 아이들의 성장으로 애씀을 보상받기에 오늘도 묵묵히 걸어 봅니다.

수업이 삶의 힘이 되어 주기를

긴 육아 휴직에 마침표를 찍고 학교로 복직했던 어느 해, 낯선 학교에서 '적응하는 것'을 목표로 지냈던 그 해의 이야기이다.

수업에 대한 열의는 넘쳤지만, 육아하는 '엄마'라는 또 다른 이름표를 달고 수업 전날 겨우 수업을 준비하며 하루살이의 삶을 살아갈 때였다. 그 시절 나는 내 수업의 지향점을 알지 못한 채 깊이 고민하지 않았고, 그저 모두 수업에 참여시키고 열심히 결과물을 완성하는 것을 목표로 아이들을 독려했다. 돌이켜 생각해 보니 수업에 대한 명확한 신념이 없었지만, 내 수업이 삶에 어떤 의미가 되어 그 아이들의 삶에 힘이 되어 주기를 바라는 마음으로 수업을 준비했었고, 아이들과 함께 출렁이며 다 같이 성장했던 첫 번째 프로젝트 수업으로 기억에 오래 남아 있다.

수업의 주제는 패턴 디자인으로 재활용 재료를 이용하여 아트웨어를 제작하는 것이었다. 8주에 걸쳐 24차시의 긴 시간을 계획하여 재료 연구부터 아이디어 구상, 재료 가공과 작품 완성, 그리고 결과물 전시 및 등굣길 이벤트까지, 긴 프로젝트를 진행하며 학생들과 함께 수업 안에서 출렁일 수 있었다. 모둠을 구성하여 서로 의견을 나누고 각자 역할을 분담하여 결과물을 제작하는 수업으로 진행하였다.

재료 탐구부터 스케치까지 과정이 척척 진행되어 결과물이 기대되는 모둠도 있었지만, 내 일이 아닌 듯 책임을 회피하며 방관자가 되어 겉도는 아이들도 있었다.

그때 제안한 것이 전시회였다. 전시회를 통해 특별한 기억을 만들어 주고 싶었다. 그래서 순간 즉흥적으로 계획에 없던 이야기를 하게 된다. “얘들아, 우리 작품들을 전시하면서 등굣길 이벤트를 할 거야. 그리고 등굣길에 친구들, 선생님들에게 투표하게 해서 1등 작품을 뽑아 볼 거야.”

“와, 샘, 1등은 뭐 줘요?”
“1등으로 뽑힌 모둠은 샘하고 짜장면 먹으러 간다.”
순간 환호와 함께 아이들의 눈빛이 반짝, 손이 바빠지기 시작했다. 그리고 들리는 한마디, “샘 탕수육도요.”

‘짜장면’은 계획에 없던 신의 한 수였다.

학교는 외진 곳에 있었다. (거의 시골에 가까운)
선생님과 중국집 나들이라니, 거기다 탕수육까지, 아이들의 열정과 의욕을 100% 끌어올릴 달콤한 유혹이었다.

'우리 모둠의 작품이 1등이 될 수 있어!'

희망과 목표는 아이들을 들썩이게 했다. 아이들은 1등의 꿈을 꾸며 작품에도 꿈을 담았다. 덕분에 결과물의 완성도가 꽤 높게 나왔고, 등굣길 전시회 이벤트는 등교하는 학생들과 선생님들의 호응을 받으며 성공적으로 마무리할 수 있었다.

아이들의 눈빛이 달라진 건 이때부터였다.

전시를 통해 작품을 공개하고, 작품에 대한 좋은 평가를 받으며, 1등이 되지 못해 아쉬운 모둠이나 맛있는 짜장면과 탕수육을 먹게 된 모둠이나 모두 달콤한 성취감을 맛보았다. 그것은 다음 수업 활동에 큰 영향을 주어 1학기 수업을 마치는 마지막 날까지 아이들은 최선을 다해 주었다.

'짜장면 때문만은 아니었다.'

그날, 1등 모둠에게 주어진 보상이었던 짜장면은 특별한 이벤트였지만 아이들이 반짝이는 눈빛으로 수업에 열심히 참여하게 된 이유가 짜장면 때문만은 아니었다.

아이들에게는 수업 활동을 마무리하며 전체에 공개하는 전시 활동이 처음이었다. 친구들과 선생님들에게 작품을 보여 주는 기회가 생기고, 모두가 함께 출렁이며 마치 축제하듯 평가하는 시간을 가지게 되며 자신들의 작품이 더욱 특별하게 느껴졌다고 했다.

아이들은 열심히 참여한 수업 활동의 결과물에 애착을 가지고 있고 뿌듯한 성취감을 느낀다. 우리 집 막내가 유치원 시절 친구와 함께 접어 온 딱지 하나하나를 소중하게 생각해 아직도 상자에 잘 넣어 간직하는 것처럼 학생들도 자신이 만든 수업의 결과물이 무척 소중할 것이다.

그리고 그 소중한 것을 대중에게 공개하는 활동은 자신을 특별한 존재로 느끼게 하며, 더불어 성취감과 자신감을 높이 자라게 할 것이다.

'아이들에게 주려고 했던 건 열정.'

첫 프로젝트부터 나는 아이들에게 '열정'을 담아 주려고 했고, 힘을 쏟아부어 가르치려고 했던 것이 열심히 몰입하는 마음이었다.

그때의 아이들에게서 연락이 종종 온다. 뒤늦게 대학에 입학하여 취업을 위해 4시간만 자고 하루 16시간씩 공부하고 있다고 자랑스레 이야기한다. 나를 모두 기억할 거라며, 응원한다고 이야기한다. 마음이 뭉클해지며 마음속으로 이야기한다.

'교사이길 다행이야.'

우리를 성장시켜 주는 수업 성찰 일기

프로젝트가 마무리되면 학생들에게 수업 성찰 일기를 작성하도록 한 지 5년째이다. 긴 육아 휴직을 마무리하고 복직하면서 그 해부터 시작했다. 그동안 모인 아이들의 수업 일기들은 큰 보물이자, 교사인 나의 동기를 이끄는 중요한 언어가 되었다. 많고 많은 수업의 이야기는 어느 날은 기쁘게, 어느 날은 부끄럽게 만든다. 그리고 아무것도 하고 싶지 않은 그런 순간에 나를 다독여 움직이게 하는 에너지가 되고 있다.

다음은 아이들의 수업 성찰 일기다. 아이들의 언어를 그대로 담아 보았다.

아이들의 성찰 일기

- 개인 과제가 아닌 조별 과제인지라 여러 의견을 나누고 서로 제안하는 과정에서 제가 낸 의견들이 대체로 긍정적으로 받아들여져 더 열심히 할 수 있었습니다. 그리고 작업물의 퀄리티뿐 아니라 우리 브랜드가 가진 의미와 추구하는 가치를 어떤 방식으로 더 발전시킬 수 있을 것인가를 고민해 보는 시간이 즐거웠습니다. 고민할수록 표현하고자 하는 요소는 많은데 어떻게 조화롭게 할지에 대한 어려움이 있었습니다. 하지만 이 과정에서 내가 표현하고자 하는 것을 작품을 보는 상대방에게 전달하는 것이 목표라는 것이 이해되면서 고민하는 일이 즐겁다고 느꼈습니다.

- 저희 모둠 같은 경우는 모둠원이 수업에 불참하는 일이 잦아 처음에 계획했던 역할 분담이 제대로 되지 않아서 다른 친구의 역할까지 전적으로 도맡아 해야 하는 상황이 생겼습니다. 계속해서 수업에 참여하지 않는 친구에 대한 대안이 필요하다고 느꼈습니다.

- 이론적인 수업들이나 다른 프로젝트 수업들보다도 이번 프로젝트 수업을 할 때 스스로 주체가 되어 작품의 방향을 선택하고 열심히 고민해서 만든 작품이라는 것 자체에 흥미를 크게 느꼈고, 결과물을 내기까지 매 수업을 고대하게 되어 재밌고 유익한 시간이었습니다. 제가 원하는 바를 표현하는 것이 뜻대로 안 되는 부분도 있었지만 스스로 어떤 것을 보완해야 할지 깨달을 수 있어서 좋았습니다.

- 저 자신에게 집중하고 고민할 수 있었던 너무 유의미한 시간이었고, 제가 스스로 의식하지 않으면 살아가면서 내면을 깊이 생각하고 그것을 있는 그대로 표현해 의미를 더해 나가는 작업을 할 기회가 생각보다 많이 주어지지는 않을 것 같습니다. 그래서 더욱 앞으로 이러한 작업을 할 기회가 많이 생겼으면 좋겠습니다. 좋은 경험하게 해 주셔서 감사합니다.

시간을 거꾸로 걸어가 자신의 수업 활동과 결과물, 그리고 수업에 임했던 마음들을 되돌아보게 하는 이유는 수업에 대한 여운을 느낄 시간을 충분히 가지고 자신의 활동들을 되짚어 보며, 다음 활동으로 연결될 수 있는 성장의 디딤돌을 만들어 주기 위함이다.

되돌아보면 생각하지 못했던 놓친 부분들을 발견하기 마련이다. 이 시간을 통해 학생들은 활동에 뿌듯함을 느끼기도 하고, 반대로 아쉬워하거나 반성하기도 한다.

느낌은 다르지만 두 경우 모두 다음 수업 활동에 대한 열정을 만드는 씨앗이 되어 준다. 수업 성찰 활동은 학생들에게 과거의 시간을 바라보게 하고 미래를 준비하는 자세와 또 다른 배움을 맞이할 수 있는 마음을 만들어 준다. 그리고 학생들의 성장 포인트도 중요하지만, 가장 중요한 지점은 교사의 알아차림이다. 학생들이 고민하여 작성한 성찰 일기에는 신기하게도 교사의 수업 모습이 담겨 있다. 교사인 내가 무엇을 지향하는지, 수업에서 어떤 부분에 힘을 많이 주었는지, 좀 더 집중해야 할 부분은 무엇인지가 아이들의 소중한 글들에 담겨 있는 것이다.

그래서 하나하나의 글이 소중하다.

오늘도 나는 아이들의 언어를 열어 본다. 어쩌면 힘들기를 각오하고 수업이 점점 소중해지는 이유가 아이들의 성찰 일기 때문인지도 모른다.

성장 포인트에서는 함께 기뻐하고, 아쉬운 지점에서는 함께 고민하며 수업이 자꾸만 소중해진다.

아이들의 수업 성찰 일기, 그것이 주는 에너지를 나누고 싶다.

꿈과 목표가 가까워진 수업 이야기

"넌 꿈이 뭐야?"

어린 시절, 나는 이 질문에 대한 답을 언제나 망설였다. 남들보다 뛰어나게 잘하는 것이 없었고, 유별나게 좋아하는 것도 없던 나에게 꿈을 명확하게 무엇이라고 단정 짓는 건 어려운 일이었다. 그래서 학기 초 기초 조사서에 부모님의 희망 진로와 같은 것을 적어 내곤 했다. 생각해 보면 초, 중, 고 시절 한 해도 빠뜨리지 않고 진로 희망을 작성했던 것 같은데 정작 학교에서 어떤 진로 교육을 받았는지 기억이 나지 않는다. 명확한 것은 학창 시절 나의 꿈 안에 '교사'는 없었다. 꿈을 말해 보라는 질문이 가장 힘들고 싫었던 내가 선생님이 된 것은 이십 대가 된 후 찾아온 나의 경험과 선택 때문이었다.

세상이 변했다. 이름도 생소한 직업들이 생겨나고, AI로 대체되면서 사라질 위기의 직업들이 거론된다. 진로를 희망하고 꿈을 이야기하려면 이제 시대의 변화를 예측하고, 많은 정보를 알아야 꿈을 꿀 수 있게 되었다. 자기 주도성이 중요한 교육 환경에서 꿈도 아이들 스스로가 주체가 되어 찾을 수 있어야 한다.

타이포그래피 수업의 주제를 '꿈'과 '목표'로 설정하여 아이들이 꿈과 목표에 대한 자신의 가치관을 생각해 보는 것에 의미를 두며, 첫 만남을 하였다. 어린 시절 방황했지만, 목표를 발견하여 삶을 주체적으로 살아가는 어느 기자의 이야기가 담긴 영상을 함께 시청하였다. 아래는 영상을 시청 후 아이들에게 던진 생각 물음이다.

Q. 꿈, 목표는 앞으로의 내 삶에서 어떤 의미를 가질까요?
Q. 여러분에게는 뚜렷한 꿈이나 목표가 있나요?
Q. 꿈이나 목표가 없을 때의 삶과 그것이 생겼을 때의 삶은 무엇이 달라질까요?

다음은 아이들의 이야기이다. 아이들의 생각들이 꽤 성숙했고, 영상을 보며 생각들을 잘 정리해서 댓글로 작성해 주었다. 여기에서 나는 학생 4의 이야기에 집중을 했다. 그리고 수업 시간 내내 그 학생의 활동을 유심히 지켜보고, 적절한 피드백을 주기 위해 노력했다.

학생 1. 꿈은 내 미래와 연관 지을 수 있고, 꿈을 이루기 위해 열심히 노력하면 성취감도 느낄 수 있다. 그리고 내일의 삶이 달라질 것이다. 꿈에 대한 노력하는 일을 하지 않는다면 목표를 이룰 수 없을 것이다.

학생 2. 꿈이나 목표가 생긴다면 뚜렷한 삶의 방향이 잡혀 지금보다 훨씬 가치 있고 의미 있는 삶을 살아갈 수 있을 것 같다 현재의 나에겐 꿈으로 정의 내릴 만한 것은 없지만 목표를 이야기하자면 어떤 분야든 그 분야에서 알아주는 사람이 되는 것이라고 할 수 있다.

학생 3. 꿈이나 목표가 있는 것과 없는 것의 삶은 차이가 난다. 왜냐하면 내가 그랬기 때문이다. 중학생 땐 꿈이나 목표가 없어서 놀기만 해서 나태해지고 심심하기만 했는데 고등학생인 지금은 목표가 있어 바쁘게 살아가고 있고 그 꿈을 이루기 위해서 노력하고 있다. 나중에 꿈을 위해 노력한 애씀을 보상받으면 행복할 것 같다

학생 4. 꿈이랑 목표가 생겨도 삶은 크게 달라지는 건 없을 것 같다. 있든 없든 똑같은 하루를 보내고 있을 것 같다.

콘셉트를 설정하고 문구를 선정하여 타이포그래피를 디자인하는 모든 활동은 개별 피드백에 힘을 꾹꾹 실어 진행되었다. 무엇보다 아이들의 이야기에 집중했다. 현재의 고민, 두려움들, 그리고 작은 용기들을 끄집어낼 수 있는 시간을 만들어 주었다. 이때는 공감과 경청이 수업을 진지하고 의미 있게 만들어 주는 것에 큰 역할을 한다.

아래는 자신의 꿈을 분석하고 살펴 발상한 아이들의 타이포그래피 디자인의 문구이다.

rock young, no pain no gain, happiness, keep your dreams, 나침반, Walk Slowly, beauty inside, 당신이 옳다, Stay Hungry, Stay Foolish (계속 갈망하라, 여전히 우직하게), Draw a dream, Write, Desperate, top of top, Youth, 이루어 DREAM, 용기, 동심 동덕, jumpjump

그다음 타이포그래피 디자인의 방향을 설정하고 아이디어 스케치를 시작했다. 이때, 창의적인 발상을 돕는 것에는 교사의 가벼운 터치가 큰 역할을 한다. 스스로 찾을 수 있게 도와주는 것이다. 너무 간섭해도 안 되며 방관해도 안 되는 가장 어려운 피드백이다. 아이들의 작품은 재밌게 완성이 되었고, 우리는 전시 디스플레이를 기획했으며, 다양한 굿즈 상품을 개발하며 꿈을 차곡차곡 쌓아 보았다.

아이들은 꿈에 좀 더 가까워졌을까?
꿈을 고민하는 것에 자연스러워졌을까?
꿈과 목표는 어느 누구의 강요가 아닌 스스로 만들어 가야 하는 나의 이야기라는 것을 알게 되었을까?
아이들은 마음과 생각이 좀 더 자랐을까?

수업은 끝이 났지만 언제나 수업의 끝에는 여러 가지 질문들이 자라난다. 그래서 아이들이 써 내려간 수업 성찰 일기를 꺼내어 본다. 아이들의 성장점을 체크하고 다음 활동의 아이디어를 떠올릴 수 있는 중요한 이야기들이 담겨 있다.

학생 1. 여러 프로젝트 중 타이포그래피의 주제를 꿈으로 설정하고 처음에는 가벼운 마음으로 임하였지만, 작품을 제작할수록 속도가 느려지는 것을 느꼈다 아마도 꿈에 대한 확신이 바로 서지 않아서였던 것 같고 이번 프로젝트 덕분에 꿈에 대해서 더 많은 생각을 하였고, 나에게 꿈이 무엇이었는지 확실한 답을 찾아갈 수 있었다.

학생 2. 프로젝트 과정 하나하나 좋았던 점이 있지만 가장 좋았던 것은 역시 전시회 활동이었던 것 같다. 사실 전시회를 준비하는 과정이 무척 힘들었지만, 귀한 추억을 하나 쌓은 것 같다. 항상 좋은 결과물이 나와도 가까운 친구들에게만 보여 줬는데, 전시회는 학교를 벗어난 다양한 사람들에게 내 결과물을 알리는 것이기에 뿌듯한 활동이었다.

학생 3. 타이포그래피의 주제가 '기록'이었는데, 타이포그래피에 기록과 관련된 요소를 넣고 글자를 디자인함으로써 내가 표현하고자 하는 바가 무엇인지를 명확히 나타내었고 그에 어울리는 색상을 선정할 수 있어서 완성도 있는 타이포그래피를 만든 것 같아 뿌듯했다.

일일 카페 창업 이야기

창업브랜드디자인을 주제로 프로젝트 수업의 형태를 구상하여 아이들과 30차시의 긴 시간 동안 만났다. 초록이 싱그러워질 무렵 시작해 뜨거운 공기로 숨이 막히기 시작할 때쯤 마무리가 되었다. 긴 프로젝트 안에서 개별 활동, 모둠 활동이 시기와 내용에 맞추어 어우러져 진행되었고, 자신의 진로와 꿈을 연계하여 아이디어를 구상했기에 아이들은 먼 미래의 자신과 만날 수 있었다.

꿈이 패션 디자이너인데, 자료 조사와 마음 들여다보기 활동을 하며 디자인이 아니라 마케팅 쪽에 관심이 생긴 친구가 있었고, 카페 브랜드디자인을 모둠 활동으로 해결하며 카페 창업이 꿈이 된 친구도 있었다. 그 꿈을 가질 수 있게 된 우리들의 특별한 프로젝트를 소개하고자 한다.

일일 카페를 오픈합니다.
단 하루, 점심시간에만, 숨이 막히게 뜨거운 열기를 식혀 줄 팥빙수,

세상 하나뿐인 일일 카페 '백 그릇.'

카페 브랜드의 네이밍부터 식·음료 개발, 로고 및 애플리케이션 개발, 홍보·마케팅까지 모두 아이들의 즐거운 열정이 있었기에 해낼 수 있었다.

수업 활동이 마무리되고, 수업 평가를 해야 하는 7월, 방학을 2주 앞둔 학교의 분위기는 사실 에너지 침체기이다.
평가에 들어가는 과정이 마무리되고 나니, 그동안 온 힘을 다한 아이들은 더 이상 힘을 내지 않는다. 자습이라는 명목으로 수업 시간이 가동되지 않고 멈추기도 한다. 아이들의 텐션은 가라앉거나 수면 상태가 된다. 그러다 전 교실이 영화관이 되기도 한다. 나는 이 기간이 가장 안타깝다. 교실의 분위기를 세우는 것에는 오랜 시간이 걸리지만 무너지는 것은 순간이다.

아이들이 눈을 번쩍 뜰 만한 이벤트가 필요했다. 그래서 기획한 학교 안 창업 프로젝트는 평가에 반영되는 수업의 어떤 활동보다 신이 났다. 서로 각자의 열정의 크기가 크다고 뽐내는 듯 느껴졌다. 이때, 교사는 중재의 역할만 하면 된다.

신이 난 아이들은 짧은 시간 동안 손발을 척척 맞춰 세상에 하나뿐인 우리만의 브랜드를 만들어 냈다.

브랜드의 이름은 우리의 아이템과 상황에 맞추어 콘셉트를 제안한 친구의 아이디어에 모두 동의하며 비교적 쉽게 만들어졌다.

'백 그릇.'

브랜드의 종류와 성격, 행사의 이야기가 브랜드 이름 안에 그대로 담겨 있었기 때문에 디자인과 마케팅 과정이 더할 나위 없이 빠른 속도로 척척 진행되었다. 팥빙수와 커피, 음료, 세 가지의 식·음료부터 개발하였다. 팥빙수 기계를 대여하였고, 퀄리티가 높으면서 짧은 시간 안에 만들 수 있는 레시피를 협의를 통해 개발하였으며, 그에 따른 식자재들을 구입했다. 그리고 우리만의 레시피로 만들어진 빙수를 맛보고 음료도 제조하여 테스트 시음을 하였다. 진짜 제대로 된 창업을 하는 듯 아이들은 설레했다. 판매할 세 종류의 식·음료를 개발한 후 실제 판매에 사용될 용기와 사용자의 동선, 이벤트 등의 아이디어를 협의하였다.

디자인 작업, 애플리케이션 개발, 홍보·마케팅 담당으로 각자의 역할을 나누었고, 행사 당일날 역할도 정하였다. 팥빙수 제조에는 재료 수만큼 여러 명이 동원되어야 했고, 음료 제조, 계산대, 음료 전달, 이벤트 담당 등 구체적으로 역할을 배분하였다.

본격적으로 브랜드 로고 제작에 들어갔다. 몇 개의 시안이 만들어졌고, 투표에 의해 로고가 정해졌다. 그다음은 라벨 만들기와 출력, 로고 라벨은 음료와 빙수 케이스에 부착이 되어 우리 브랜드만의 아이덴티티를 만들어 주었다.
그리고 아늑한 카페 공간을 한편에 마련하기 위해 대형 크기로 메뉴와 브랜드명이 들어간 이미지를 제작하여 플로터로 출력하여 부착하였다.

각 교실과 학교 공간에 부착될 카페 홍보물과 메뉴 소개물도 제작하였다. 아이들의 손발이 척척 맞아 짧은 시간 안에 인쇄물들이 제작, 출력되었다.

이제 일일 카페 행사를 홍보할 차례이다. 홍보, 마케팅 담당 학생들이 선생님의 얼굴을 영화 포스터에 합성하여 재밌는 포스터를 만들어 부착하였고, 각 교실에 들어가 직접 친구들에게 행사를 홍보했다.

아이들이 만든 카페 브랜드 라벨

학교 친구들의 반응은 여름의 열기만큼이나 뜨거웠다.

그렇게 홍보 활동까지 마무리가 되어 어느새 '백 그릇' 일일 카페 오픈날이 되었다. 아침부터 분주하게 아이들은 각자 맡은 역할에 충실하게 임했다. 두근두근 떨리는 마음으로 심호흡하는 친구, 손님이 과연 얼마나 올지 걱정하는 친구, 차분하게 메뉴 준비를 하는 친구, 음악을 선정하며 즐거워하는 친구들이 보였다. 경쾌한 음악을 들으며 우리는 준비를 완료하고, 학교 손님들을 기다렸다.

드디어 점심시간,

아이들이 신나게 뛰어오는 소리가 들린다.

"손님이다."

번호표를 배부하고, 메뉴를 주문받았다. 얼음을 갈아 팥을 올리고 연유를 부어 첫 판매용 팥빙수를 만들었다. 손이 덜덜 떨리는 아이들을 보니, 그 마음이 전해져 뭉클했다. 열심히 최선을 다한 만큼 잘 해내고 싶은 것이었다. 그리고 점심시간 1시간 동안 우리는 정말 정신없이 팥빙수 백 그릇과 음료를 완판할 수 있었다. 그 한 시간이 정말 힘들었지만, 그 힘듦보다 훨씬 더 뿌듯하고 즐거웠다.

빙수 팀은 정신없이 빙수를 만드느라 기진맥진하였다.
1시간에 백 그릇이라니… 한 그릇의 빙수를 만드는 데 1분이 채 걸리지 않은 것이니, 그 손이 얼마나 빨라야 가능했을까?

뜨거웠던 여름, 하루 반짝, 한 시간, 그 열정이 뜨거운 여름을 이겼다.

아이들과 구상한
레시피로 만든 팥빙수와 커피

우리만의 카페 분위기

이번 활동은 3학년인 아이들의 생활 기록부와 자기소개서에 풍성하게 작성이 되며, 아이들의 진로에도 큰 도움이 되어 주었다. 이 시간은 아마도 아이들의 기억에 오래오래 남아 있지 않을까? 수업과 연계된 창업 프로젝트는 7월과 12월 기말고사가 끝난 뒤 에너지가 가라앉는 네모난 학교 안에서 아이들이 열정을 뿜어낼 수 있는 특별한 이벤트가 될 것이다.

'몰입'을 꿈꾸며 기획한 수업은 아이들의 들썩거림으로 깊은 여운을 남기며 마무리되었다.

나는 계속해서 아이들의 '들썩거리는 몰입'을 목표로 수업을 할 것이다. 그것을 위한 첫 번째는 교육 과정과 연계한 수업의 주제이다. 우리의 '삶'에서 주제를 찾아보자. 아이들의 공감이 수업의 몰입으로 연결될 것이다.

언젠가는 찾아올 공교육의 들썩거림을 기대하며….

ps. 여름에는 시원한 팥빙수? 겨울에는 따끈한 어묵?

Chapter 3

엄마의 시선

그리고 엄마입니다

"괜찮다"는 세상에서 가장 사랑한다는 말이라는 것을.

내 삶 안에서 나를 찾는 것

엄마로 살아가기

나는 오늘도 믿어지지 않는 세 아이의 엄마이다.
아이들의 키가 제법 자라 내 턱 밑을 아슬아슬 넘어서려고 한다.
이제 이 아이들과 식탁에서 제법 어른스러운 농담을 주고받으며 저녁 식사 시간, 뿌듯한 웃음도 같이 포개어진다.
엄마라서 해야 할 일이 수십 가지가 넘는다. 청소, 식사 준비, 설거지, 빨래 정리, 학습 챙기기, 그리고 아주 사소한 것, 수십 가지를 나는 엄마가 되어 최선을 다한다.

아이들의 따뜻한 눈빛을 맞으며, 어느 날은 사춘기 같은 미운 말들을 맞으며, 나를 간절하게 필요로 하는 몸짓과 표정을 맞으며 하루하루를 살아간다.

어느 날은 세상에서 가장 행복한 엄마가 된다. '어쩜, 나에게 사랑스러운 세 명의 아이가 생긴 걸까?' 그러다 엄마로 살고 싶지 않은 순간도 온다. '지긋지긋한 육아와 살림에서 벗어나고 싶다.'

그렇게 좋아도, 싫어도 아이들의 엄마로 살아간다. 물론 좋은 날이 더 많다. 어느 날은 새삼스럽게 엄마인 게 믿어지지 않는 벅찬 순간이 있다. 잠든 아이의 손가락을 만지작거리며 아이의 존재가 감격스럽고 경이로운 날들이 있다. 그렇게 매일 엄마가 되어 간다.

교사로 살아가기

중간고사 기간, 종이 울리기 전 감독반 시험지를 챙겨 교실로 들어선다. 아이들 출석 상황을 체크하고 시험지 장수를 세고 종이 치면 시험지와 답안 카드를 배부한다. 신규 발령을 받고 지금까지 매번 중간고사, 기말고사 첫 시험 감독 시간에 매번 나는 같은 감정을 느낀다.

'내가 선생님이 되어 시험 감독을 하고 있다니.'

그 생각 속엔 벅참과 뿌듯함이 공존하며 교사로서의 삶이 더없이 소중해진다. 20년 차인데 아직도 몽글몽글한 그 맘에 벅차다. 그래서 잘하고 싶었다. 뭐든 잘 해내고 싶었다. 출근길에 한껏 에너지를 장착하여 학교 안에서 에너지를 쏟아 내었다. 아이들과 즐거운 수업을 하고 싶어 수업 연구에 힘을 다하고, 일을 통해서도 성장을 꿈꾸었다. 그렇게 교사로서의 삶은 언제나 텐션이 높았고 많은 일들이 즐거웠다. 물론 힘에 부치고 에너지가 고갈되어 바닥까지 내려가는 날들도 한 번씩 찾아왔다. 쉼과 함께 동료들이 또 다른 에너지가 되어 주었다. 작은 걸음들이 모여 함께 성장하고 학교에 작은 긍정의 변화가 생기는 것, 그것이 나의 힘이었다. 그래서 애쓰고 또 애쓴다.

그 안에서 나를 찾는 것

주변을 향했던 시선을 내 안으로 가지고 온다. 내 안에는 엄마와 교사 이외에도 수많은 내가 존재한다. 유치하기 짝이 없다가, 외로움에 투정을 부린다. 뭐든 다 좋아 긍정이 넘치다가, 뭐든 다 꼴 보기 싫어 괜한 심통을 부려 본다. 그게 어떤 모습이든 그저 나를 지지해 주고 격려해 준다. 어떠한 역할에 최선을 다하다 보면 어느 순간 '번아웃'이 올 때가 있다. 일상의 삶에서 벗어나고 싶은 순간들이 있다. 바로 그때, 나와 잘 만나는 일은 나를 단단하게 만들고, 모든 상황을 이겨 내는 힘을 만들어 준다.

나와 잘 만나기 위해서는 나에게 오롯이 집중할 수 있는 시간이 필요하다. '쉼'의 시간에 나는 나를 발견했다.

오늘도 틈 없이 바쁜 하루 안에서 잠시 '쉼'을 가지며 나를 돌아본다.

치열한 하루 안에서 잠시 쉬며 나와 만난다.

그리고 나를 찾아 엄마로, 교사로 더 잘 살아가 본다.

나와 잘 만나는 시간은 나를 단단하게 만들었다.

엄마 해방 일지

수년간 워킹 맘으로 지내며 일상의 피로가 겹겹이 쌓인 걸까? 되돌이표 집안일 때문일까? 집이 마냥 편하지만은 않다. 특히, 집에서 일이나 공부에 집중하기가 쉽지 않다.

여기저기서 나를 부른다. 바닥도 청소해 달라 부르고, 빨래도 개어 달라 부르고, 그릇들도 씻겨 달라 부른다.

'알았어, 알았다고, 금방 해 줄게.'

그들은 배려를 모른다. 하루에도 몇 번씩 부르고 또 부른다. '결혼을 하지 않고, 솔로의 삶이라면 어떨까?' 육아의 지침과 가사 노동의 되돌이표에 묻혀 너덜너덜해진 엄마라면 한 번씩, 아니 어쩌면 자주 꿈꿔 보는 솔로의 삶을, 나는 오늘도 꿈꿔 보았다.

그리고 아이들이 학교로 간 시간, 카페로 갔다. 대학원 과제를 살펴보기 위함이다. 오늘은 잠시 나로 사는 가벼운 날, 음악, 커피, 달콤한 디저트가 그 시간을 함께한다. 엄마인 나에게는 나로 사는 시간이 결핍이다. 결핍이 채워진다는 것은 더없이 소중하다. 그 시간이 소중해지니 더 열심히 하게 된다. 엄마가 아닌 나를 위해 몰입할 수 있는 시간은 꼭 필요하다.

그 시간을 온전히 나를 위해 채워 보는 건 어떨까? 몸이 지치면 뒹굴거리고, 마음이 지칠 때는 산책을 하고, 운동을 하며 그 호흡으로 나를 온전히 느낄 수 있는 시간, 배우고 싶었던 수업을 듣는 시간, 그리고 친구와 만나는 시간….

오늘은 무엇을 하며 나로 바로 설 수 있는 가벼운 시간을 차곡차곡 채워 볼까?

언제부턴가 혼자 있는 시간이 소중해졌다.

형은 형이구나

첫째 아들은 맏이의 무게를 경험했다.

아이들을 등교시키고 산책길을 나섰다. 전화가 울린다. 올해 5학년이 된 큰아들이다. 전화를 받기 전에 끊겨 다시 통화를 시도하니 받지 않는다. 별일이 있으려나 싶어 다시 길을 걸었다.

하교 후에 막내가 나에게 이야기한다.

“엄마, 내가 실내화를 안 가져갔었어.”
“뭐! 그래서 어떻게 했어? 불편했겠다.”
“아니, 형아가 형아 거 줬는데.”
“그럼 형아는?”

초등학교 1학년인 막내는 교실에서 양말만 신고 생활하기 때문에 얼마 전 담임 선생님께서 실내화를 혹시 깜박하더라도 걱정하지 않으셔도 된다는 알림장을 보내오셨다. 그런데 고학년인 형아는 다르다. 활동적이어서, 쉬는 시간 내내 친구들과 뛰어다녀야 했을 텐데 그 불편함을 어찌 감수했을까?

순간 마음이 짠해진다.
‘이런 게 형의 마음이구나.’

집에서는 동생 놀리는 재미에 매일 투닥거리는데 선뜻 실내화 가방을 동생에게 내어 준 그 마음이 대견하고 예뻐 엄마의 마음이 뭉글뭉글해진다. 무슨 일인지 알지 못하는 막내에게 형의 마음을 알려주니 얼굴에 미소가 번진다.

그동안 알 수 없었던 형이 가지고 있던 마음의 깊이는 위기 상황에서 고민하지 않고 동생을 위하는 행동으로 보였다. 그 마음이 모든 가족에게 봄날처럼 다가왔다.

한편으로는 삶을 살아가면서 더욱 무거워질 맏이라는 자리의 무게가 떠올라 마음이 짠하다. 세상의 모든 첫째는 태어난 순번에 의해 자연스럽게 그만큼의 무게가 더해진다.

형이라서, 언니라서, 원하지 않아도 더 잘하기를 기대받는다. 모범이 되기를 바라고 주변의 기대가 높으니, 스스로도 잘해야 한다는 마음이 크다. 세상은 변했지만 없어지지 않는 첫째의 무게이다. 오늘 우리 형아는 자연스럽게 그 무게의 역할을 해낸 것이다. 새까맣게 변한 양말이 형의 오늘 하루를 말해 주었다.

'힘들었지만 뿌듯했다고.'

개학한 지 얼마 되지 않아 깨끗한 실내화가 오늘 큰일을 해냈다.

엄마로 살아가는 힘

아이가 웃는다. 엄마의 애정 표현을 어색해했는데, 이제 익숙해져 재밌나 보다. 저녁 시간, 좋아하는 반찬을 확인하고, 입꼬리가 올라간다. 목소리 톤은 높아지며 한껏 명랑해진다.

좋아하는 TV 프로그램을 보며 깔깔 웃는다. 웃음소리가 커져 바라보니 행복한 표정의 웃는 얼굴이 보인다. 재밌는 이야기를 나누며 웃음이 터진다. 이 웃음, 저 웃음을 바라보며 삶을 감사해 본다. 하루를 보내며 차곡차곡 쌓인 노곤함이 아이의 웃음소리를 따라 사라진다.

아이의 웃음. 그 웃음을 보고만 있는 것인데, 내 안이 더 벅차게 기쁘다.

엄마의 마음이다. 내일은 나의 엄마에게 전화해 재밌는 이야기를 하며 한참을 웃어 보려 한다. 커 가며 잃어버린 나의 웃음이 그립지 않을까? 엄마도 내가 웃으면 나보다 더 기쁘겠지? '엄마'가 되어 정말 다행이다. 감히 알지 못했을 엄마의 마음이 조금씩 헤아려진다.

·
·
·

우리 엄마도 그랬겠지?

엄마가 되고 나니 엄마가 보인다

나는 어쩌다 삼 남매의 엄마가 되었다. 하루 동안 듣는 엄마의 불림은 몇 번이나 될까? 초등학교 1학년이 된 수다쟁이 막내는 요즘 나를 부를 때 “엄마, 엄마, 엄마” 세 번을 반복해 외친다.

어느 날 홀로 찾은 바다에서 엄마를 발견했다. 막아 주고, 지켜 줬다. 한참을 바라보니, 그건 삼 남매의 엄마인 내가 아니라 ‘나의 엄마’였다. 좋은 길로만 가라고 나쁜 모든 건 막아 주고, 어두운 길에서 헤맬 때는 그 존재만으로 길이 되어 나를 지켜 주셨다.

엄마가 되고 나니 엄마가 보인다. 엄마의 희생, 사랑, 허무…, 내가 철없던 시절, 그 시절의 엄마 나이가 되어 보니 많은 것이 마음에 닿아 엄마가 이해되고 감사하고 미안해진다.
엄마만큼 나는 잘하지 못하는데도 어깨의 짐이 이만큼이나 무거운데 내가 받은 사랑의 무게는 엄마에겐 얼만큼이었을까? 아마도 지금까지 내내 마음 쓰고, 자식 걱정을 하며 막아 주고, 지켜 주고 계실지도 모른다.

엄마가 되고 나니, 엄마가 보인다.

어느 날, 혼자 찾은 바다에서 엄마를 만났다.

엄마의 목소리가 잠겨 있었다

나는 매일 엄마와 통화를 한다. 이십 대, 엄마 품을 떠나 다른 지역으로 오게 되며 매일 부대껴 지낸 그 시간이 늘 그립다. 엄마가 매일 아침 직접 강판에 갈아 주던 토마토 주스의 맛은 잊을 수가 없다.

이것 먹어라, 저것도 먹어라, 밥 좀 잘 챙겨 먹어라, 그 말씀은 듣기 싫은 잔소리였지만, 그 시절 그때의 엄마가 참 그립다.

리포트 과제를 하다가 엄마가 생각나 전화를 했다.
엄마의 목소리가 잠겨 있었다.

"엄마, 울었어? 응?"
"아니야, 할머니한테 다녀왔어."

외할머니께서는 경기도 소재지 요양 병원에 계신다. 코로나로 인해 1년 6개월 만에 면회가 가능해지자 경상도 지역에 살고 계신 삼촌, 이모들과 함께 할머니께서 계신 병원에 다녀오신 거였다. 첫째인 엄마께서 할머니를 집 근처 요양 병원에 모시고 2년 넘게 매일 오고 가며 돌보시다가 큰삼촌께서 계신 지역의 요양 병원으로 옮겨 가신 지 딱 2년 만이다.

병원에서 돌아오는 차 안에서 얼마나 우신 걸까? 목이 꽉 잠겨 겨우 말을 이으시니, 옆에서 위로가 되지 못하고 겨우 전화를 붙잡고 있는 마음이 편치 않다.

한 시간 뒤에 전화가 다시 왔다. 그런 내 마음을 헤아리신 엄마의 경쾌한 목소리가 마음을 더 아프게 한다. 엄마는 할머니의 모습, 건강 상태, 계신 곳, 할머니의 그동안의 삶에 북받쳐 한참을 우시다 또 딸의 걱정이 밟혀 애써 밝아지셨다.

'엄마'는 많은 것을 생각하고 헤아려야 하고, 하고 싶은 대로 다 할 수 없는 사람, 치매로 자식을 알아보지 못하는 엄마와 마주하며 무너져야 하고 또 딸에게 그 무너짐을 들키고 싶지 않은 사람, 무거운 짐을 어깨에 얹고 지내지만 가볍게 견딜 수 있는 사람이다. 엄마에게 이야기했다.

"조만간 나하고 같이 할머니 또 뵈러 가요."

코를 훌쩍거리며 글을 쓰고 있으니 내 아이들이 와서 묻는다.
"엄마 울어?"

웃어 보이며 내가 말한다. "아니야, 하품했어."

엄마 마음이 너무 아프다

"엄마, 나는 괜찮아요. 나도 이제 엄마니까요, 엄마처럼 나도 괜찮아요." 그 말을 하지 못하고 전화를 끊었다. 엄마는 늘 "괜찮다. 괜찮다. 괜찮다."라고 하신다. 마흔 넘은 딸의 걱정에 늘 "괜찮다." 그러면서 정작 엄마의 걱정 보따리는 엄마의 크기만큼 크다.

이번에는 삼 남매를 키우느라 고생하는 딸의 모습이 내내 안쓰러우셨나 보다. 2박 3일 친정에서 같이 부대끼다 집으로 돌아와 잘 도착했다는 전화를 드리니, "애들 키우느라 네가 너무 고생이야. 엄마 마음이 너무 아프다."

울컥해서 "아니야. 괜찮아." 하고 끊어 버렸다.

"나도 이제 엄마니까요, 엄마처럼 나도 괜찮아요." 길게 말을 하다가는 눈물이 터져 버릴 것 같아서, 그냥 끊어 버렸다.

우리는 서로 알고 있다.
"괜찮다"가 괜찮은 게 아니라는 걸 안다.

"괜찮다"는 세상에서 가장 사랑한다는 말이라는 것을.

우산

가슴 두근거리게 기다렸던 너와 만나는 날,
너와 함께 걷는 오늘, 세상의 주인공은 나다.

하고 싶은 말이 너무 많은데,
펼쳐지는 순간 내 걱정이 커져 너를 지킨다.

옷자락이 젖어 버릴까, 얼굴에 빗물이 닿을까,
비 오는 날, 네가 가는 모든 길이 염려스러워
어깨를 더 쨍하게 펴 본다.

빗물이 더 큰 소리를 내자 너의 한쪽 어깨가 젖는다.
내가 더 컸으면 좋으련만,
내 눈에는 그 젖은 어깨만 보인다.

계속 비가 내려야 너와 오래 함께할 텐데,
그 마음보다 햇살이 내려
네 젖은 어깨를 말려 주기를 기다린다.

그렇게 나의 시간은 너를 지키며 흘러간다.
그렇게 우리의 여름 장마가 지나간다.

비가 오는 어느 날,
너는 나를 더 이상 찾지 않는다.

어젯밤 싱글벙글 웃던 너의 손에 쥐어진 작은 2단 우산,
소중해서 탈탈 물기를 털어
두 손에서 놓지 않았던 작은 2단 우산이
이제 너를 지켜 준다.

괜찮다.
어느 날이든 한 번은 널 만날 수 있겠지.
비가 와도 싱글벙글 네가 웃을 수 있다면,
나는 괜찮다.

ps. 오늘 아침, 새로 산 2단 우산이 너무 소중해 젖은 우산을 차 안 의자 위에 놓던 막내 아이의 모습에 아이가 오랫동안 쓰던 낡은 장우산이 떠오릅니다. 그리고 이상하게 엄마가 생각나네요.

막내의 좌우명

초등학교 1학년 1학기를 마무리하고 있는 막내아들이 오늘 무언가를 곱게 접어 자랑스럽게 두 손에 꼭 쥐고 있다.

"엄마, 내 좌우명이야, 짜잔" 하고 펼쳐 보여 준다.

'똥도 열심히 싸라.'

'똥도 열심히 싸라니…. 와, 인생을 아는 아이다' 싶어 깜짝 놀란 얼굴로 막내의 얼굴을 쳐다본다. 눈웃음을 살짝 보여 주는 아이, 미술학원에서 그려 온 작품에 어깨 위로 뿌듯함이 저만치 올라가 있다.

"엄마, 이건 화장실 앞에 붙여야 해. 그래 저기가 좋겠어."

작품을 붙일 위치까지 알려 주며 한껏 업된 목소리가 경쾌하다. 요즘 '하고재비' 막내의 스케줄을 되돌아보니 뭐든 열심히 하고 있는 아이의 삶이 담긴 큰 문장이었다.

그 문장이 흔들렸던 내 가치관을 붙잡아 준다. 열심히 했더니 도리어 사람에게 상처받는 상황들에 애쓰지 않겠다고 다짐하던 참이었다. 애써서 잘하려고, 잘해 주려, 잘 보이려 하지 않기로 마음먹은 참이었다.

아들의 좌우명에 순간 부끄러웠다. 평소 가장 싫어하는 남의 탓을 하고 있는 나를 발견한다. 신념대로, 가치관대로 의지력 가동해 열정을 다했던 내 삶을 부정하고 있는 나를 발견한다.

그리고 저 문장이 왜 이렇게 위로가 되는지, 내 방식대로 내가 가고자 하는 길을 걸을 용기가 생긴다.

재밌게도 오늘 막내아들이 엄마의 인생에 길을 안내한다.

아침마다 화장실에 혼자 있는 게 무서워 문을 활짝 열고 끙끙 열심히 힘을 주던 녀석의 모습이 떠올라 피식 웃어 본다.

막내의 좌우명

삶을 디테일하게 바라보기

제품의 가치는 하드웨어를 보면 알 수 있다. 작은 어떠한 요소에 가치를 둔다는 것은 전체에도 가치를 둔다는 것이다. 지퍼 브랜드 YKK는 좋은 제품의 기준이 될 수 있다. 일반 지퍼 가격의 5배나 되지만 수많은 브랜드에서 YKK 지퍼를 사용한다. 뛰어난 품질과 내구성으로 1만 번을 여닫아도 문제가 없다고 알려져 있다.

가방과 의류의 디테일함은 지퍼나 단추에 있다. 좋은 품질에 가치를 두는 제품은 반드시 작은 요소에도 가치를 담는다는 이야기이다. 소비자가 그러한 디테일을 발견한다면 손해 보지 않는 소비를 할 수 있다.

두 눈이 사파이어로 만들어진 허름한 고양이 조각상의 몸은 사실 금으로 만든 것이었는데 어느 인문학자가 그것을 통찰하여 싼 가격에 구입했다는 이야기는 두 눈이라는 작은 요소에 사용된 사파이어의 가치가 전체로 연결됨을 잘 통찰한 누군가가 있었다는 것이다.

나는 내 삶에서 그러한 디테일을 찾고 싶다. 오늘 저녁에 딸에게 무심코 던진 이야기가 딸에게는 상처가 되었다. 분명히 바르게 키우고자 한 게 이유였는데, 작은 디테일을 놓친 것이다.

내용과 언어, 그리고 더 중요한 표현(목소리의 톤과 말투)은 가정에서 내가 언제나 염두하고 살펴보아야 할 디테일들이다. 계속해서 고민하고 생각하지만 참 어려운 일이다.

결과 중심의 언어들, 배려 없이 던지는 언어들, 감정이 담긴 가시 같은 이야기들, 지시형 문장들은 디테일을 망가뜨리는 방법들이다. 그러한 가정에서 아이들은 건강한 마음으로 자랄 수가 없다. 또한 부부간의 삶의 질도 떨어질 것이다. 가족 간에는 이유 없는 불만만 쌓일 수밖에 없다.

디테일함은 관심이다. 나의 주변, 특히 가족은 공기와도 같은 존재기에 관심이라는 것에서 멀어지기 쉽다. 아니, 멀어진 것조차 모를 수도 있다. 그러니 결과만 눈에 보인다. 마음이나 상황을 바라보는 디테일은 노력으로 만들어질 수 있다. 그것이 바로 '관심'이다. 관심은 서로를 이해하고 존중할 수 있는 방법이다.

내 가정과 삶의 디테일함을 점검해 보자. 내 아이들이 무엇을 했든 하루를 열심히 지낸 마음을 살피고, 남편의 애씀을 살피고, 가정을 위해 많은 일들을 한 아내의 디테일을 살피자, 그리고 오늘은 결과가 아닌 그 과정들을, 그 마음을 칭찬해 주자.

과정과 마음을 느끼기 위해선 관심이 우선되어야 한다. 디테일한 관심과 사랑을 가득 내 안에 채워 보자. 디테일은 넓게 바라보면서 촘촘히 살피는 것이다.

쉬워 보이지만 실천하기는 참 어려운 일이다. 분명한 것은 좋은 디테일을 발견함은 좋은 제품을 구입하는 것과 연결되듯 내 삶에서 좋은 에너지를 만들어 낸다.

그러니 계속해서 어렵지만 디테일을 잘 찾아 보자.
분명 마음으로 연결되는 삶의 질이 풍요로워질 것이다.

그에게 필요한 건 휴식

그는 누구보다 강직하고, 책임감이 강한 사람이다. 그 강직함과 책임감으로 한 가정을 잘 받치고, 흔들리지 않게 지키기 위해 몸과 마음은 점점 지쳐 간다. 어쩌면 가족 여행조차도 가장의 의무감에 운전하고 또 운전하며, 짐을 들고 또 짐을 들며, 쉼의 의미는 작은 한 조각일지도 모른다.

수많은 정보 속에 자신을 가두고, 늦은 밤까지 해야 할 일을 부여잡고, 또 다음날을 준비하는 그가 되어 본다. 요즘 나는 매일 밤 그가 되어 본다. 40대 가장의 삶의 무게를 재어 보고 느껴 본다. 그가 느끼는 미래의 불안감과 책임감을 어루만져 본다.

며칠째 노력해 봐도 다 알 수 없지만 그에게 지금 필요한 것은 '쉼'이라는 것을 안다. 나에게 마음껏 투정하고 털어 버리라 말하고 싶지만, 그냥 웃고 말리라는 것을…, 그 무게를 들키고 싶지 않을 거란 것을 알기에, 그의 앞에서만 툭툭 튀어나오는 나의 못된 내면 아이를 잘 잠재우고 내가 그에게 쉼이 되어 주려 한다. 나는 그에게 진정으로 '쉼'이 되고 싶다.

우리의 여행이 그에게 '쉼'이 된 듯한 순간이 있었다. 한옥 호텔에 들어서서 한참을 돌아보며 옛날 집 이야기를 설레는 목소리로 이야기할 때였다. 어린 시절을 떠올리며 그 시절의 향수에 설레는 순간이 '쉼'의 한 조각이 아녔을까?

그 순간은 어린 시절 느꼈던 냄새들, 맛들, 촉감들, 그리고 받았던 사랑으로 마음이 꽉 찼을 것이다. 어쩌면 잠시 자유로웠을지 모른다.

어린 시절로 '점프'하여 그 옛날의 기억으로 저녁의 한순간이 달콤해진 그의 그 시절을 나도 같이 상상해 본다. 가족의 보살핌 속에서 증조할머니의 특별한 애정을 받으며 한없이 가벼웠을 그의 모습을 상상해 본다.

차곡차곡 세월 따라 겹겹이 쌓였을 가장의 무게를 마음으로 덜어내어 본다. 계속해서 내 마음으로 덜어 내다 보면 조금은 가벼워지지 않을까?

40대 가장의 자리는 어렵고, 복잡하고, 두렵고, 마음대로 잘되지 않는다. 그의 앞에서 내 멋대로 툭툭 튀어나오던 못된 내면 아이가 그의 어깨에 매달린 삶의 무게를 느끼게 되니, 더 이상 마음대로 튕겨나오지 않는다.

잘될 거라고, 정말 잘될 거라고, 잘하고 있다고, 당신이 있어 든든하다고, 그러니 잠시 쉬어도 된다고 이야기한다.

아직은 쑥스러워 마음으로만 자꾸 전한다. 그냥 마음으로 계속 응원해 본다. 우리는 경상도 부부라, 일단 그렇게라도 해 본다.

그러다 보면 그 마음이 닿는 순간이 오겠지.

온전히 나로 살아간다는 것

젊은 날 자연스레 장착된 착한 콤플렉스는
자유로움을 갉아먹는 녀석이었다.

흐르는 물을 막아 세우듯 나를 억압했다.
이제야 알게 된 억압의 실체는
새로운 나로 살아가게 한다.

누군가를 탓하며, 누군가를 핑계로
만들었던 날들이 있었다.

착한 콤플렉스가 남의 기분을 맞추려 가동되고,
그로 인한 힘듦의 이유를
남 탓으로 여기던 날들이 있었다.

나를 돌보지 않은 사람은 나였다.
나에게 좋은 사람이 되어 나에게 자유를 줄 수 있는
사람은 바로 나였다.

그것을 알게 된 마흔이 되어서야
온전히 나로 살아감의 의미를 알게 된다.

그렇게 나는 나에게 다정해진다.

고슴도치 이야기

스무 살 고슴도치의 가시는 말랑말랑해
불어오는 바람에 더 촉촉해지고,
편안한 자유로움에 빛이 났었지.
예쁜 세상이 평생 함께 있을 거라 믿으며
말랑한 가시를 뽐내었단다.

어느 날, 고슴도치의 세상이 두근거림으로 요동치고,
땅에 닿은 발이 둥실 떠 있는 듯
사랑으로 가득 찬 날들을 선물받았어.
빛나는 세상 안에서 더 빛나는 사람이 되었지.

그리고 또 다른 고슴도치와
하루도 떨어져 있기가 싫어 서로의 평생 짝이 되었고,
말랑한 가시들의 닿음은 매일 서로의 존재를 알려 주며
삶의 이유가 되어 주었지.

어떤 날은 어깨 위 가시의 날을 세우며
자기 생각이 옳다며 으르렁거렸지만,
금세 서로의 가시를 토닥여 주며 다시 유연하게
길들여 줬단다.

그렇게 익숙해지고 서로가 서로의 일상에 스며들어
소중함의 감정을 노력으로 느낄 때쯤,
세월이 묻은 가시는 단단해졌지.

그것이 세월이 묻어선지를 모르고
단단해진 가시가 서로를 아프게 할 때마다
마음이 변해서라 여겨 더 뾰족하게 공격하고
깊은 상처들을 주고받았단다.

그렇게
그렇게

빛을 잃은 시간들을 보내며 아파하다
어느 날 거울에 비친
자신의 단단해진 가시를 한참 바라보았어.

'언제 이렇게 단단해진 걸까?'
'왜 이렇게 뾰족해진 걸까?'
생각하고 또 생각했지.

긴 시간 깊은 생각 안에 머무르며
마침내 알게 되었지.

소중함의 감정들이 쌓이고 쌓여
익숙한 일상이 세월이 되고,
그 세월이 만든 단단한 가시는
어느 고슴도치나 매한가지인 것을.

가시들이 맞물리면 아픔이 덜하다는 것을,
그렇게 자연스러운 노력이 필요하다는 것을,
그 쉬운 것을 왜 생각하지 못했을까?

아픈 가시에 당황하여 서로의 탓만 하느라
비난과 투정의 언어로 흙투성이 안에서
뒹굴었음을….

고슴도치는 이제야 고개를 끄덕였지.
그리고 함께 걸어갈 남은 길들이 자연스레 소중해졌단다.

ps. 세상 모든 부부는 자연스럽게 서로에게 스며든다. 그리고 세월이 쌓여 단단해진 서로의 가시가 아프기도 하다. 어느 날 고슴도치의 모습을 보며 세월 안에서 현명하게 사랑하며 살아가는 방법을 배워 본다.

수채화의 물이 되고 싶다

그저 한 가지를 하고 싶었다.
꽃을 그리고 싶었다.
햇살, 물, 바람을 맞아 작디작은 꽃봉오리에서
한 송이의 꽃이 될 때까지의 기다림,
그에 비해 너무 빠르게 생명을 다하는
꽃들의 모습이 마음을 슬프게 흔들었다.
그래서 생기로 꽉 차 있을 때,
가장 예쁠 때의 모습을 붓에 담아 그리고 싶었다.

그래서 수채화를 시작했다.

선생님께서 계속해서 강조하시는 것은 '물'이었다.
"붓에 물을 듬뿍 머금어 한 선으로 마무리하면서 맑은 느낌을 추구하세요."

팔레트에서 단단하게 짜여 굳은 수채화 물감은 '물'이 없으면 안 된다. 물은 물감을 녹여 주어 물감 본연의 컬러를 나타나게 한다. 물은 붓에 묻은 물감을 잘 씻겨 주고, 새로운 컬러를 잘 묻어지게 돕는다.

물은 물감의 스밈과 번짐을 돕는다.
물은 수채화 그림의 풍성함을 돕는다.

물의 조절에 따라 그 느낌이 달라지니 그 매력에 흠뻑 빠져
시간은 금세 흐르고 어느새 나뭇잎과 꽃이 그려져 있다.

.
.
.

나는 수채화의 물 같은 선생님이 되고 싶다.
물 조절을 잘해 맑고 투명한 그림을 그리듯
아이들을 잘 이끌어 멋진 사람으로 그려 내고 싶다.
아이들의 숨겨진 장점을 잘 녹여 주어 새로운 모습을 찾게 해 주고 싶다. 그리고 풍성하게 세상에 잘 스며들게 돕고 싶다.

나는 수채화의 물 같은 엄마가 되고 싶다.
내 아이들이 투명한 모습으로 세상에 잘 설 수 있게,
행복이 풍성한 사람으로 자랄 수 있게,
'나'를 억지스럽게 끼워 넣지 않고 '너'를 그대로 표현할 수 있게 돕고 싶다.

그저 한 가지, 꽃을 그리고자 시작한 수채화가 내 삶의 지향점과 마주하게 한다.

Chapter 4

멈춤의 시선

잠시 멈추어 내 삶과 만납니다

하늘색과 초록빛의 싱그러움이
나를 차분하고 단정한 사람으로 만든다.

꽃을 닮은 열정

1월의 찬 바람이 지나가고,
2월이 되어 한 번씩 바람에 닿은 온도가 다르게 느껴질 때쯤,
그러나 아직은 추웠던 어느 날, 우연히 마주하게 된 노란색의 '복수초'라는 꽃을 보며 나와 닮아 있다고 생각했다.

아무도 나오지 않는 차가운 땅바닥에서 얼마나 애쓰고 애썼으면 저렇게 예쁜 빛깔의 노랑으로 불쑥 얼굴을 내밀 수 있을까?

예쁜 빛깔을 한껏 자랑하고 있지만, 정작 주변에는 아무도 없이 홀로다. 복수초의 생명력이 지치지 않았던 나의 열정처럼 느껴졌고,
꽃이 얼굴을 내밀 리 없는 찬 바람이 쌩쌩 부는 겨울날 홀로 빼꼼 얼굴을 내민 모습이 어쩐지 안쓰럽기 그지없었다.

그 모습에 나를 비추어 본다.

반짝반짝 빛나던 나의 모습은 '착각'이었을까?
그 모든 애씀은 '왜'였을까?
왜 그렇게 '열정'을 담았을까?

멈추니 보이는 것들

시간이 멈춘 순간,
그 순간에
앞으로 나아갈 에너지를 채운다.

굽이굽이 점점 좁아지는 길을 달려왔다.
속도를 늦추어 힘든 걸음으로 달려왔다.

산이 점점 높아지더니,
아주 오래전부터
그 자리에 서서
제 몸이 깎여 나감을 비통해하던
큰 바위 절벽이 얼굴을 비춘다.

그렇게 만났다.
어디인지 모를 이곳을,
힘들여 달려오며 만났다.
서 있는 자리의 사방이 낯선 편안함이다.

밤의 소리에 문을 열고 나가 올려다본다.
온 우주의 하늘이 눈에 담기는 느낌이다.
순간, 시간이 멈춘다.
마치 오래전부터 정해진 순간이었던 것처럼,
멈춘 시간 안에서 빛나는 에너지를 채운다.

ps. 일상이 틈이 없어 하루를 겨우 살아 내는 모든 분께, 어느 날의 하루는 모두 놓고 낯선 어딘가에서 밤하늘과 만나 보세요. 시간이 멈춘 순간, 내 안의 나와 마주하며 새로운 에너지를 만날 거예요.

삶이 초록 초록, 파랑 파랑 하다

쉼이 없으니 틈이 없던 날들,
날은 수없이 많았는데, 무엇을 위해 하루를 보냈을까?
내게 주어진 일에 열정을 다하는 삶이
최고라고 생각했던 때가 있었다.
하고 싶어 했던 일들, 해야만 했던 일들, 당연한 일들,
수도 없이 쏟아지는 일들은 내 시야를 가렸다.

삶에 끌려 간신히 끝자락을 부여잡고 뛰었다.
일을 하고, 또 일을 하고, 틈이 나면 배우고 또 배웠다.
더운 날인지, 추운 날인지, 맑은지, 비가 오는지,
그것은 중요하지 않았다.

꽃은 그냥 꽃이고, 나무는 나무였다.
제대로 자연을 만나기 전의 내 모습이다.

잠시 멈추고 마음을 여니 세상이 보인다.
마음을 열기 위해서는 작은 틈이 필요하다.
바쁨에 묻혀 나를 바라보지 못할 때 틈은 생기지 않는다.
틈을 발견하기 위해서는 쉼이 필요하다.
발견된 틈으로 보이는 세상의 모든 장면은
어느새 점점 커져 내 삶의 전체가 된다.

어떠한 의미도 담지 못했던 날들이 있었기에
지금의 소중함이 내 마음을 휘젓는다.

초록이 햇살과 만나 나에게 내린다.

비 냄새

비가 시작될 때

물방울이 콧등에 '투둑' 떨어진다.
하늘을 본다.
그새 빗방울이 머리에, 어깨에 떨어진다.
비를 피해 뛰어가다가, 비 냄새에 잠시 멈춘다.
천천히 퍼지는 투박한 흙냄새, 땅의 냄새가 난다.
열 기운을 머금은 아스팔트 냄새가 난다.
진한 초록의 냄새가 난다.
빗방울이 떨어지는 자리에
아지랑이같이 비 냄새가 올라온다.
모두가 모여 한 번에 코끝에 들어온다.

'투둑.'
'투둑투둑.'

빗소리에 귀를 기울이고 비 냄새를 한참 맡아 본다.
멈추어 바라보니, 알 것 같다.
비 냄새는 오랫동안 흙과 아스팔트와 나무들에게
뿌려진 햇살의 냄새였다.

비가 다녀간 뒤

비가 다녀간 날 아침, 햇살이 부지런히 비를 데리고 간다.
땅에도, 나무에도, 공기 안에도 비가 있다.
이제 온전히 비 냄새가 난다.
밤새 햇살의 냄새는 씻겨 가고 비 냄새만 남았다.
햇살이 질투라도 하는 걸까?
더 눈부시고, 더 뜨거운 햇살이 내리쬔다.
그렇게 여름이 온다.

비가 시작될 때 햇살의 냄새가 난다.

밤의 고요, 색이 잠든 시간

세상의 색이 잠든 지금, 이때다.
드디어 나는 나의 색을 찾는다.
나로 살고 있지만,
나에게 멀리 떨어져 삶의 목적을 잊은 채,
시간의 흐름에 발을 동동 구르다
밤의 고요가 찾아온다.

움직임이나 흔들림이 없이 잔잔할 때,
뒤엉켜 복잡한 마음도 함께 조용해진다.
그 단순함이 참 좋다.

'이제 온전히 나에게 집중할 때.'

나를 짚어 본다. 머리부터 발끝까지,
나의 신체, 나의 마음, 나의 생각,
그리고 나의 색을 발견한다.

그 색의 에너지를 누군가를 위해 쓰고 싶다.
마음을 나누고, 공감해 주고 싶다.
그리고 내 마음도 공감받고 싶다.

밤의 고요 안에서
숨어 있는 나를 꺼내어 본다.
주고 싶은 마음만 있는 줄 알았는데
나도 받고 싶은 사람이었다.
꺼내어 바라보니 쑥스럽다.

내 안에 있는 수만 가지의 나를
살아가며 다 꺼내어 볼 수 있을까?

고요한 밤과 자주 마주해야겠다.
그 단순함이 나를 찾아 줄 것 같다.

ps. 나와 만난다는 것이 이토록 가슴이 차오르는 일인 것을 알지 못했던 때가 있었습니다. 고요한 밤, 모든 색이 차분해지는 시간, 나를 만나 다정하게 인사합니다.

구름의 언어

구름을 보면 설렌다.
깨끗하고 쨍한 날,
하늘이 반짝이는 듯해 고개를 들면
기분 좋은 흰 구름이 '짠!'

마음이 막 벅차오르고 설렌다.
왠지 모르게 세상을 다 가진 기분이
내 안에 꽉 차면서 그 장면을 그대로
카메라에 담으려고 '찰칵' 사진을 찍는다.

'구름이, 너무너무 예뻐.'

마음속으로 크게 이야기하고 나면 속이 뻥 뚫린다.
평범할 뻔한 내 하루가 특별해지는 순간,
내 목소리가 전해진 듯,
구름은 바람의 움직임에 더 자유로운 몸짓을 보여 준다.
잡을 수도 없고 가까이 갈 수도 없지만,
어쩌면 그래서 더 벅차고 애틋한지도 모른다.
.
.
.

가만히 한참을 바라본다.

.

.

.

어쩌면 구름의 ‘평온함’, ‘자유로움’, ‘유연함’이

나는 부러운 걸까?

구름이 설레고 애틋한 건

구름의 언어가 갖고 싶은 내 마음 때문인가 보다.

비가 오려나 봐

숨 막히게 뜨거운 여름의 열기에
온몸이 지쳐 간다.

여름의 끝이 가을이라는 것에
희망이 피어올라 잠시 시원해진다.

아니었다.
시원한 바람이 스쳐 간 것이었다.
어느새 단단했던 구름이
흘러 퍼져 형태가 사라지고 색이 차분해졌다.

이번엔 길게 시원한 바람이 휙 불었다.
바로 이어 똑!
눈썹 위로 빗방울 하나가 똑!

투두두둑!
금세 주변의 색이 빛을 잃고 더 깊게 차분해진다.

빗방울이 닿은 땅의 냄새가
코끝으로 와닿는다.

잠시 동안 닿다 지나갈 것을 알기에
비를 피하려 애쓰지 않는다.

지쳐 감을 위로하는 하늘의 소리를 가만히 들어 본다.
바람이 자꾸 나에게 머무르며 내 안의 열기를 가져간다.
빗물이 나에게 닿아 뜨거움을 식혀 준다.
그렇게 여름이 마냥 뜨겁지만은 않다.

우리의 삶에도 열기를 식혀 줄 소나기가 필요하다.
똑! 똑! 떨어져 얼굴에 닿는 빗물이
잠시 휴식 같아 반가웠다.

비의 색감과
그 색감에 갇힌 자연의 선이 반가웠다.

바람이 나뭇가지를 흔들며 이야기한다.

"곧 비가 오려나 봐."

습도와 냄새를 느끼며, 나뭇가지의 선을 바라보며 멈추어 쉼을 가진다.

여름 바람의 향기

일 년 중 가장 행복한 여름 저녁이 왔다.

뜨거워진 햇살이지만, 바람은 시원했던 한낮,
햇살과 바람이 서로의 다름을 뽐내는듯,
햇살은 숨이 막히게 뜨거웠고,
바람은 땀을 맞아 더 시원했다.

나무의 그림자를 찾아다녔던 날,
나무 아래 서서 눈을 감고 맞이하는 바람에
나무의 보살핌을 받는 듯해 고개를 들어 바라본다.

눈이 부시다.
하늘색과 초록빛의 싱그러움이 나를 차분하고
단정한 사람으로 만든다.

햇살의 뜨거운 열기가 옅어지며
하늘의 색이 점점 진해진다.

이제 바람이 주인공이다.
한낮의 열기를 식혔던 바람에는 특유의 향기가 있다.

짙은 파랑의 하늘과 초록의 나뭇잎들을 스치며
내 안에 불어오는 여름 바람의 향기에
숨을 크게 내쉬어 본다.

여름 바람의 향기는 늘 한결같다.
초록 내가 난다.

나의 스무 살 여름 저녁에도
나의 서른 살 여름 저녁에도
지금의 여름 저녁에도
.
.
.
이어질 여름 저녁에도….

ps. 여름에 불어오는 저녁 바람에 이토록 행복한 이유가 식을 줄 모르던 한낮의 뜨거운 열기 때문이었을까요? 뜨겁게 살아가는 우리의 삶에도 그런 순간이 오겠지요?

살아 있음의 기쁨이 가슴에 푹 박히는 순간

삶은 감동이다.
살아 있음이 감격스러운 오늘 같은 날,
해 질 무렵, 쨍하고 깨끗한 공기,
눈으로 들어오는 모든 것들이 온몸의 감각으로 느껴져
몸서리치게 설레는 풍경에 가슴이 먹먹해진다.

살아 있음이, 느낄 수 있음이,
벅차게 경이롭고 감사한 순간.

드라이브하며 보이는 풍광에 느껴지는 뭉클함이
어쩌면 열심히 살아야 하는 이유일지도 모른다.

살아 있음의 기쁨이 가슴에 푹 박히는 순간,
하늘, 공기의 느낌, 바람, 그리고 나무, 새들,
모든 게 이대로 멈추었으면 하는 벅찬 날,
나는 삶을 온전히 느끼고 있다.

오늘 같은 순간은 선물이다.
어떤 삶을 살아야 할지 '길'을 선물받은 듯,
더 좋은 사람으로 세상에 선한 영향력을 뿌리며,
오늘 같은 날과 자주 만나고 싶다.

선물 같은 순간은 어쩌면 내 마음이 만든 건지도 모른다.
앎을 공부하고 돌아오는 길, 그 꽉 참이 만든
마음의 그릇이 보이는 모든 것을
경이롭게 보이게 한 것은 아닐까?

마음과 눈에 담긴 풍경이 함께 만든 감동이다.
마음의 그릇을 계속해서 꽉 차게 채운다면
삶이 감동으로 다가오는 벅찬 날들이 많아지겠지?

가을이 좋은 이유

후끈한 열기와 습기가
어느 늦여름, 바람의 장난으로 한 번에 실려 갔다.
여름내 꽁꽁 닫아 둔 창을 여니, 어색한 가을바람이 휙 불어온다.

풀벌레 소리에 조용히 들어오려는 잠이 걸음을 멈춘다.
소리에 집중하여 수를 세어 본다.
하나, 둘, 셋, 넷….
순간, 도로를 질주하는 자동차 소리에 오늘도 실패다.

더위에 흐느적대며 녹아 버렸던 사유가
하나둘 단단해져 선명하게 채워지고,
가을의 이야기를 써 내려간다.

그러다 지나온 내 가을들이 궁금해져
살짝 들춰 보려 했지만, 온데간데없이 사라져
머리를 지끈거리며 떠올려 본다.

가을의 공기, 그 안의 습도, 순간의 냄새만이
머릿속을 맴돈다.
기억은 조각조각, 그해 가을바람 끝자락에 실려 갔나 보다.

다시 오늘의 나에게 집중한다.
나에게 닿는 바람의 담백함에 감동하고,
깊어 가는 밤, 고요에 취해 본다.

여름날 못다 한 온전히 나와 만나는 순간,
그 순간과 나를 이어 줄 가을이 왔다.
나에게 집중하기 좋은 계절, 가을.

순간이 조각조각나지 않게 담아 보려 한다.
마음의 소리를 잘 담아내어 곱게 열어 봐야지.
바람이 실어 가지 못하게 '쉿.'

어느 해 만난 가을의 흔적을 꺼내어 본다.

깊고 진한 파랑

깊고 진한 파랑은 눈과 마음을
어지럽혔다가 차분하게 한다.
자꾸 보니, 속마음을 들킨 듯 하얗게 투명해진다.

깊고 진한 파랑이 되어 하늘에 뿌려지기 위해,
태양의 걸음에서 멀어지며 홀로서기를 한 듯,
자유로움으로, 외로움으로 어둠에 맞선다.

찰나의 순간이 오래 머물기를 바랐지만
어둠은 어김없이 감청색으로 하늘을 덧칠한다.

어둠을 담은 빛은 더 밝아지고 내 눈에는 빛만 남는다.
어지럽던 내 마음이 어느새 평온해진다.

어둠의 색은 이제 의미를 잃었다.
다시 태양의 걸음에 맞추어 깊고 진한 파랑으로
하루가 시작될 것이니, 세상의 하늘에 어둠은 없다.
그 세상을 살아가는 우리에게도….

초여름의 저녁 하늘, 오래 보아야 보인다.
깊고 진한 파랑의 뿌려짐과 빛의 의미를….

초여름의 어둠은 어둡지 않다. 깊고 진한 파랑이 마음을 설레게 한다.

한 번씩 신호등이 나타나 주었으면

삶의 달림과 멈춤을 알려 주는 신호등이 있으면 어떨까?
삶의 마지막 지점으로 가는 긴 여정 안에서 지금은 부지런히 달려야 한다고, 어느 날은 멈추어서 옆을 보라고 알려 주는 신호등이 있으면 어떨까?

저녁 시간 운전을 하며 빨간 신호등에 멈추어, 보이는 장면을 사진에 담았다. 차들이 뿜어내는 빛의 색들에 황홀해진다.

잠시 멈추지 않았으면 보지 못했을 그 장면들에 먹먹해진다.
지금 이 시각, 이곳에서 우연히 빨간색 신호등을 만났기에 마주할 수 있음이, 계획하지 않았던 우연히 마주한 삶의 순간이, 정해져 있지 않은 우리의 삶이, 더 애틋하고 소중하다는 것을….

해가 지고 있는 저녁 하늘, 존재감이 확실한 손톱 달을 바라보며, 삶의 우연에 긍정을 담아 본다.

그러다 불꽃같이 쉬지 않고 달려 하마터면 재가 될 뻔한 그 해가 불현듯 떠올랐다. 그리고 또다시 멈추지 않고 허둥거리다 오늘 같은 순간을 만나지 못할까 봐 두려워졌다.

"신호등."

달려야 할 때, 멈춰야 할 때를 알려 주는 신호등이 있으면 좋겠다. 그것이 적절한 타이밍에 한 번씩 나타나 주었으면….

잠시 멈추었을 때, 보이는 모든 것이 숨 막히게 아름답기에.

신호등, 멈춤을 알려 주는 빨간색 신호등을 마음에 담아 본다.

드디어 내가 꽃이 된 날

한껏 내 빛깔을 뽐내었다.
탐스러운 붉은빛을 잔뜩 머금어 나를 뽐내었다.

너는 올해도 나를 보지 않는다.
불러 보고 싶지만, 붙잡고 싶지만,
바람에 몸을 잠시 흔들어 볼 뿐,
나는 내 자리에 그저 서 있다.

또다시 봄날이 왔다.
올해 봄에도 나를 스쳐 간다.
지쳐 보이는 너의 걸음에 안쓰러운 마음이
무겁게 머물러 그 자리에 그냥 있다.

올해 봄은 적당히 찾아왔다.
붉은빛을 머금은 내 앞을,
뛰어다니던 네가 오늘은 걷고 있다.

멈추어 나를 바라본다.
가만히 바라본다. 그 시선에서 아픔이 묻어난다.
내 붉은빛이 위로가 된 어느 봄날,
나는 드디어 꽃이 되었다.

ps. 삶은 왜 그렇게 바쁘고 정신없는 걸까요? 계절을 느낄 새 없이 3년을 뛰어다니다 학습연구년을 만나 쉬어 가던 그해, 꽃이 던지는 이야기에 뜨끔해집니다. '그동안 주변을 살피지 못한 채 뛰어다녔던 게 아닐까? 바쁘다는 이유로 주변을 외면했던 것은 아닐까?'

바쁘게 지나치며 보지 못했던 꽃이 피어남을 멈추어 바라본 날, 지난 내 삶을 되돌아본다.

걸음을 멈추었다

걸음을 멈추었다.
햇살이 유난히 눈이 부시던 그 시각,
재잘거리는 아이들이 흑백 배경이 되고
눈앞의 분홍빛이 햇살을 머금어 더 빛이 나던 딱 그 찰나였다.
카메라 앱을 터치해, 그 빛을 사진첩에 담으니,
마음이 두근두근 꽉 찬다.
사진에 담긴 분홍빛이 온종일 마음을 설레게 한다.

햇살이 눈부셨다.
이 순간을 누군가의 시선에 남기고 싶다.
온 힘을 다해 빛을 담아 너를 바라본다.
오늘이야, 내가 가장 예쁜 날.
내일은 빛을 담느라 애쓴 내 분홍빛이 바래지고 또 바래져
다음 날은 흙의 색으로 변해갈 테니….
가장 예쁜 날, 가장 빛나는 나를
너의 시선으로 담아 주기를.

ps. 3월의 학교 급식소 앞, 동백꽃이 가장 예뻤던 순간, 아이들의 재잘거림은 배경 음악이 되고, 그 빛을 온전히 내 마음에 담았다.

Chapter 5

다정한 시선

나와 만나 나에게 다정해집니다

혼자 있을 때 나는 다정하다.

꽃이 반짝인다

햇빛을 만나고 싶어 걷는다.
만나고 싶어 나서는 모습을 거울에 비추어 본다.
모자를 꾹 눌러쓰고, 긴 팔의 소매를 손끝까지 당기니,
그 모습이 우스워 옅은 미소가 번진다.

햇빛이 주는 에너지가 있다.
그게 뭘까?

걸으며 생각하니 빛을 마주한 모든 것들의 반짝임이었다.
살아 있는 생명의 반짝임이다.
그 반짝거리는 모든 것들이 전해 주는 에너지가
나에게 닿아 자꾸만 밖으로 나가 걷게 한다.
반짝임을 눈에 담으니, 내 마음이 반짝인다.
마음이 반짝거리니, 나를 잘 돌보고 싶어진다.
나를 잘 보살펴 좋은 사람이 되고 싶어진다.

햇빛을 만나는 산책의 모든 시간에 나도 같이 반짝였을까?
그랬으면 좋겠다.

ps. 빛이 닿은 반짝임을 마음으로 보내어 긍정의 에너지를 채워 보세요.

햇빛을 만나 반짝거렸던 꽃을 내 시선에 담아 본다.

혼자 있는 시간

'혼자 있을 때 나는 다정하다.' <나의 해방 일지> 11화 중

혼자 있는 시간이 왜 좋아졌을까? 그 답을 <나의 해방 일지>에서 찾았다. 그렇다. 내가 나와 있을 때 다정해진다. 온화한 목소리로 끊임없이 묻고, 대답하며, 나를 지지하고, 격려했다.

어쩌면 나는 예전부터 다정하고 온화함을 좋아했었는데, 삶의 돌멩이를 밟고 다니느라 잊고 있었던 거다. 수년간 쉼 없이 치열하게 지내 온 시간에서 해방된 건지도 모르겠다.

그 해방은 내가 나에게 주는 '다정함.'

바쁨에 묻혀 매일 나로 살고 있는 건지, 또 다른 나로 살고 있는 건지, 온통 뒤죽박죽 실타래처럼 엉키고 엉켜 어쩌면 나는 번아웃을 쉬이 지나온 건지도 모른다.

누구보다 관계를 중요하게 생각하고, 먼저 다가가 시작을 열고, 누군가와의 대화를 즐기던 내가 이제 혼자 있는 것이 편해졌다. 중요하게 생각했던 관계, 사람들과의 만남에서는 내가 없었다. 나를 찾지 않았다.

수많은 날의 공적이고 사적인 대화들, 그 대화들 안에서 나를 발견하기란 쉽지 않다. 나를 돌볼 틈이 없다.

육아를 하며 매 순간 다정하기는 어렵다.

혼자 커피를 마시며 혼자 걷는 시간,
나에게 마음껏 다정해지며,
이제 알 것 같다.

제대로 '삶'을 살아가는 방법을.

ps. 삶에서 중요한 것은 그 어떤 것보다 내가 나에게 다정해야 함을 알게 됩니다. 어제도 오늘도 나에게 다정하게 이야기합니다. 그 이야기들이 포개고 포개어져 누군가에게도 '다정한 사람'이 되어 봅니다.

누가 더 애를 쓰는 걸까?

꽃을 피우기 위해 네가 애쓰는 걸까?
햇살이 애쓰는 걸까?
누가 더 애를 쓰는 걸까?
너도, 햇살도, 아니면 바람일까?

따스함 한껏 머금은 바람이
가볍게 날리며
꽃을 피우는 걸까?

그래, 그런 것 같다.
세상의 많은 일들이 바람이 쉬이 불며 지나가듯
쉽게 해결될 수 있는 것을….

걱정, 근심 한가득 짊어지고
괜스레 어려운 문제로 만드는 게 우리가 아닐까?

생각 하나 달리하면 아무것도 아닐 것을….

ps. 꽃이 피는지, 지는지도 모르게 바쁘게 달리기만 하다 어느 날 업무에 치여 가슴까지 일이 꽉 차 그 자리에 멈추었습니다. 봄바람 부는 어느 찰나, 곧 터질 것 같은 꽃망울이 내 모습과 닮아 있어 무심히 바라봅니다.

삶은 아름답다

날씨 예보가 이틀째 흐림과 비였다.
비는 땅을 살짝 적실 정도로 조금 내렸고,
북풍이 불어 초여름이 올 듯한 더위를 물러나게 했다.
대기가 무척이나 깨끗해 그 어느 날보다
눈에 담은 풍경이 설레게 아름다웠다.

봄에 피는 꽃만큼이나 봄의 연둣빛은
마음에 힘을 가져다준다.
생명이 햇살을 머금어 하루가 다르게 자라고
어느새 눈앞은 온통 연둣빛이다.
봄의 햇살은 연둣빛을 더 빛나게 해 준다.
햇살은 연약한 연두를 튼튼한 초록으로 만든다.

완연한 초록빛이 될 때쯤 태양은 더 뜨거워지고
뜨거운 태양은 초록의 잎을 알록달록하게 만들 것이다.

눈앞에 펼쳐지는 삶이 이렇듯 한시도 멈춰 있지 않고
계속해서 변화하고 있다. 그 변화는 언제나 기쁨이다.

그 기쁨의 변화는 마음을 잠시 정지해야 보인다.

마음의 멈춤은 참 어려운 일이다.

내 마음이 마음대로 되지 않는 것이 마음이라는 것이지만,
내 눈앞에 펼쳐지는 장면들에는 잠시 마음을 정지시키고
그 장면들을 온전히 느끼고 싶다.

봄의 연두와 햇살의 따뜻함을
있는 그대로 가득 담고 싶다.

지금 나는 그것을 연습 중이다.
마음을 잘 멈추는 연습을 한다.
그리고 삶의 아름다운 순간순간을 담아 본다.

ps. 마음이 마음대로 되지 않을 때는 잠시 멈춰 보세요. 잠시 멈췄을 때 눈에 담기는 아름다움으로 삶의 에너지를 채워 보세요.

눈앞의 풍경에 내 삶을 더 잘 살아 내고 싶어진다.

뜻밖의 풍경을 만났을 때의 짜릿함

어쩌면 삶의 이유가 이것이지 않을까?

'뜻밖의 풍경.'

시간이 얼마나 지나갔는지 모를 만큼
치열하게 보내는 하루의 어느 지점에 우연히 창밖을 본다.
계절의 변화를 만날 틈이 없이
하루를 꽉 채워 보내다 문득 창밖을 본다.

눈에 담기는 어느 한 조각에 마음이 차오른다.
설렘과는 조금 다른 뭉글뭉글함이 마음에 쿡 박히는
이 감정은 '짜릿함'이다.

이 순간의 내 마음과
순간이 주는 컬러와
마음에 닿은 온도와 습도,
모든 게 나를 기다린 듯 내 안에 담긴다.

쿡 박힌 풍경에 순간, 나아갈 에너지를 얻는다.
치열한 삶의 이유가 생긴다.

'뜻밖의 풍경.'

열정을 다한 삶이 주는 선물이다.
그리고…,

누군가에게 나도 '뜻밖의 풍경'이 되고 싶다.
그런 사람이 되고 싶다.

삶이 주는 선물을 만난 날.

마당에서 발견한 이야기

바람이 휙 불어, 작은 내 몸 두둥실 위로 위로
따뜻한 푸른 밤, 어딘가 모를 곳에 앉았다.

땅이 나를 반기고 햇살이 내리니,
이곳이 내가 존재로 피어날 곳.
어느 하늘 아래 존재가 되었을 때,
누군가에게 위로가 되었으면….

온 힘을 다해 땅을 뚫었다.
물을 머금고 햇살을 받아 튼튼해지니,
드디어 쑥 내 몸이 세상 밖으로 나왔다.

혼자가 아니라 다행이다.
나의 바로 옆 가느다란 꽃망울을 가진 아이가
곧 세상을 볼 수 있음을 기대하며 서 있다.

우리는 함께 그날을 기다렸다.
함께하는 건 시간의 지루함을 잊게 한다.
낮에는 햇빛 샤워를 하고,
밤에는 푸른 고요함을 즐기며,
얼굴이 세상에 나오는 날을 기다렸다.

아침이면 경쾌한 새의 소리를 듣고,
지나가는 발자국에 밟힐까 조마조마한 낮 시간이 지나가고,
저녁에는 뿌려지는 물을 맞았다.

하루를 보내고, 이틀을 보내고….

어느 날 아침, 특별하게 눈이 부신 날,
내 옆에 있던 아이의 얼굴이 세상에 존재했다.
노란빛이 눈이 부시다.

'나도 저렇게 발랄한 노란색이겠구나.'
내일을 기대하며 잠든 밤,
새벽의 공기에 눈을 뜨니 내 얼굴이 둥실 떠 있다.
그런데… 나는 너와는 다른 모습, 분홍빛의 얼굴이 수줍다.

세상에 얼굴을 내미니 너와 나 둘뿐,
너와 나, 이곳에 우리 둘뿐이다.

모습은 다르지만 이제 서로 없어서는 안 될 존재.

ps. 모습은 다르지만 서로 없어서는 안 될 존재, 나의 역할, 너의 역할이 그러하기를….

모습은 다르지만 서로 없어서는 안 될 존재.

드디어! 드디어! 드디어!

딱 두 송이가 얼굴을 비춘다.

참 애썼구나.
그래, 너희들이 매화반 반장, 부반장이야.

그렇게 봄을 알린다.
꽃 두 송이가 담은 봄이 아름답다.

찰나의 순간이었다.
금세 여기저기 붉은빛을 머금은 꽃망울이
연한 분홍빛으로 바뀐다.

왠지 아쉽다.
두 송이는 첫 시작이었고, 귀한 아이였다.

처음이 주는 감동이 있다.
오늘 그 감동과 운 좋게 만난 것이다.
해가 지니 꽃향이 아래로 내려와 코끝에 앉는다.
그 향을 마음에 고이고이 포개어 두었다.

어느 해 꽃을 보지 못할 만큼 지칠 때,
마음에 뿌려 열정의 힘으로 써야지.

매화반 반장, 부반장.

밤의 초록

밤이 찬란한 이유,
어둠이 깔린 순간도 초록은 빛이 난다.

까만 밤을 거부하는 빛들로 인해
밤은 완전한 밤이 아니기에
여름밤, 초록에서 빛이 난다.

초록의 색은 화려하다.
겹겹이 자리를 달리하는 모습을 만들어 내어
은은한 빛이 닿은 색과 그림자가 밤을 화려하게 한다.
그 색에 매료되어 한참을 본다.

고개를 들어 하늘을 본다.
걸음의 목적지를 모른 채 하루를 앞만 보고
종종걸음으로 달리다가
문득 고개를 드니 초록의 향연이다.

하늘, 구름, 초록들, 어느 것 하나 부족함 없이
나의 위는 꽉 채워져 있다.

'무엇을 위해 그렇게 앞만 보고 달린 걸까?'

마음을 꽉 채우는 하늘 풍광이 나에게 이야기한다.
잠시 멈춰 고개를 들어 보라고,
목적지를 알지 못하는 바쁜 걸음 안 해도 된다고,
위로 시선을 뻗으면 꽉 채워질 거라고,
초록을 흔들며 그렇게 나를 보고 있다.

그날 밤,
그렇게 초록의 하늘에 위로받는다.

ps. 초록의 짙어지는 여름밤, 하늘빛이 초록스러웠던 그날을 만나 천천히 그리고 느리게 가을을 맞이할 지혜를 얻습니다.

밤에 만난 초록에서 빛이 난다.

저녁 하늘색의 마법

저녁 하늘,
저녁이 주는 선물.
하루의 치열함을 위로하는 색의 마법.
찰나의 순간이라 앞만 보던 가여운 고개를 들어
시선을 뻗어야 만날 수 있는 선물.

뜨거움이 차가움과 만나는 순간, 뒤엉킨 색의 힘은 강하다.
마음에서 따뜻한 무언가가 퍼져 오며
하루의 끝을 찬란하게 한다.
숨 쉬고 있는 지금, 이 순간을 사랑하게 한다.

매일 다른 색으로 퍼지고 퍼져
하루를 위로하는 하늘에 해 줄 이야기가 많은가 보다.
위로에 마음이 열려
괜스레 삶의 방향까지 묻고 싶은가 보다.
그래서 찰나의 순간이 지나가 버렸음에도
눈을 떼지 못하나 보다.

ps. 오늘 출근길은 어땠나요? 어제 퇴근길에 만난 저녁 하늘의 색에 치열했던 하루를 보상받았나 봅니다. 출근길에 오늘의 퇴근길 하늘을 기대하며 경쾌해집니다.

퇴근길, 저녁 하늘의 선물.

마음의 그릇

“저 사람은 그릇이 크네요.”
“제 그릇이 작아서 그것까진 생각 못 했어요.”

마음의 크기, 생각의 너비를 그릇의 크기에 비유하여 이야기한다.
하지만 이미 만들어진 그릇의 크기는 줄이거나 키울 수가 없다.

그곳에 채울 수는 있다.

마음의 그릇은
그릇의 크기 문제가 아니라, 채우는 문제이지 않을까?

‘무엇을 채우느냐?’ ‘얼마큼 채우느냐?’
그렇게 생각하니 마음이 편안해진다.

좀 더 좋은 것을 채울 수 있을 것 같고,
더 많이 채우고 싶은 욕심이 생긴다.

크기라고 생각했을 땐
내 그릇의 크기를 키워야 함이 부담스럽고 억지스러웠는데
생각을 달리하니 다양한 채움의 내용들이
이미지 메이킹 되며 훨씬 편안해진다.

뭐든 한 끗 차이인 거다.

맑고 깨끗한 무언가가 '찰랑찰랑'
넘치듯 채워진 내 마음을 생각하니,
열심히 살고 싶어진다.

마음의 그릇을 키우지 말자.
이제는 마음의 그릇에 채우자.

그리고
채우다가 지칠 땐 한 번씩은
비우기도 해 보자.

시원하게.

ps. 오늘은 무엇을 얼마만큼 채울지 한번 이미지 메이킹해 볼까요?

마음의 그릇에 채워 보자.

시간이 삭제된 날

젊은 날에는 모든 사람과 둥글둥글 잘 어울려야 한다고 생각했고, 그만큼 애쓰느라 정작 나를 돌보지 못했다. 삶 안에서 머무르는 모든 사람과 좋은 관계가 되고 싶은 마음에 부단히 애를 썼다.

이만큼 살아 보니 내가 나와 가장 친한 것, 나를 잘 살피고 돌보는 것이 건강하게 사는 방법이었음을 알게 된다.

나를 잘 다독이고 사랑해 주어야 좋은 사람이 자연스레 나에게 온다. 좋은 관계들로 삶이 풍요로워진다.

애쓰지 않아도 되는 편한 사람들과의 만남은 긍정의 에너지들이 서로에게 닿아 삶을 가볍게 한다. 어느 날, 나와 잘 맞는 사람들과의 시간이 누군가의 마법으로 삭제된 듯, 순식간에 지나갔다. 배꼽 잡은 웃음 뒤에 배가 당기는 느낌이 기분 좋았고, 너무 웃어 광대가 마비되는 듯한 아픔이 유쾌했다.

하루에 부대껴 동동거리는 날들뿐이었지만, 관계에 부대껴 피로가 머리끝까지 닿는 날들로 채워졌지만, 오늘만큼은 애쓰지 않아도 되는 만남 안에서 웃음과 웃음이 같은 결로 연결되어 긍정의 에너지를 내 안에 채운다.

그리고 와인 잔에 와인을 채운다.
웃음과 웃음을 부딪친다.

시간의 삭제는 잔이 부딪치며 마법을 부렸나 보다.

시간의 삭제. 그날의 마법은 이것 때문이었나 보다.

으름덩굴

담장 밖으로 뻗고 뻗어 무성한 숲이다.
작고 큰 손들이 이어지고 이어져 무성한 산이다.

다섯 갈래 이파리는 어찌해야
제 모습이 잘 비칠지 작전을 잘 세워
어느 한 자락에 자리 잡고, 어느새 모두가 눈에 담긴다.

서로가 서로를 의지하여
5월, 보랏빛 단아한 꽃을 피우고
9월, 속살이 하얀 달콤한 열매를 맺는다.

그 사이, 뜨거운 여름을 서로가 서로를 돌보며 지내 온다.
여린 잎은 크고 튼튼한 잎들의 보호 아래 영글어 간다.
뜨거운 햇살도, 땅의 마름도, 함께 하니 견딜 만하다.

꽃도, 열매도 없는 푸른 잎들의 이야기다.
겹쳐지며 무성해진 잎들의 이야기에,
잎들이 만든 그림자에, 여름 정오가 시원해진다.

어느 가지 하나, 어느 잎들 하나, 그냥 거기 있는 것이 아니다.
뜨거운 여름과 편안히 잘 만나기 위한 덩굴의 작전이었다.

여름이어서 더 푸르른 으름덩굴의 오늘이다.

얼마쯤 지나지 않아 달콤하고 시원한 열매가 맺힐 것이니,
푸르르고 뜨거운 오늘을 그저 잘살아 본다.

ps. 삶에도 작전이 필요합니다. 에너지를 완전히 소진하지 않도록….

삶의 방법을 알려 주는 으름덩굴에 감사하며.

흐린 날에는 내가 맑아지면 됩니다

때 이르게 찾아온 여름의 기운에 흐린 월요일이 습하다.
마치 마른장마의 느낌이다.
몸도 습기를 머금어 바닥으로 쏟아진다.
토닥토닥 잘 달래어 하루를 시작한다.
하늘은 이불속이 터진 것 같다.
이불솜을 뿌린 듯해 웃음이 난다.
햇살에 반짝였던 모든 것들이 조용하고 차분해졌다.

반짝이지 않아도 괜찮다.
흐린 날에는 내가 맑아지면 된다.
맑은 마음으로 반짝이는 말들을 하면 된다.

"충분히 잘하고 있어."
"지금처럼만 하면 돼."

이제 흐린 날은 없다.

ps. 내 안에 반짝이는 말들을 담아 보세요. 삶의 흐린 날은 없을 거예요.

흐린 날에는 내가 맑아지면 된다. 이제 흐린 날은 없다.

환희

하얀 캔버스에 영혼이 채워짐을 상상한다.
누군가가 그리웠던 걸까?
물과 색들이 캔버스에 어리니,
여기저기서 환호성이 들린다.

색들이 캔버스에 암팡스레 스며들어 머문다.
머물기까지의 시간 안에 마음이 갈팡질팡한다.
색의 채움을 더할까? 멈출까?

순간 영롱한 색의 빛깔에 내 영혼이 맞닿으면
손의 몸짓은 마지막 점을 찍는다.

동동 걷어 들어간 바다 안에서 불꽃을 만난 어느 밤,
눈 안으로 쏟아지듯 뿌려진 불꽃들이 내 안의 어딘가로
깊이 들어갔다.

하얀 캔버스에 채우고 싶었던 그날의 환희는
그렇게 깊은 곳에서 꺼내어져 흩뿌려진다.

색의 스며듦 위로 그리운 환희가
겹치고 겹쳐져 캔버스를 보듬는다.

색이 캔버스를 보듬는 형상이 왜 위로가 되는 걸까?

Chapter 6

일상의 시선

그렇게 내 삶이 소중해집니다

오늘은 왠지 뛰어야 할 것 같았다.

바람이 시원하다

여름과 작별 인사도 하지 못했는데, 바람이 이렇게나 시원할 수가 없다. 아직 여름을 놓지 못했는데 하늘은 여름을 놓아 버린다. 파란 하늘이 쑤욱 높아져 흰 구름 안에 가을을 담아 버린다.

창문을 열고 시골길을 달렸다. "엄마, 이렇게 시원하고 좋은데, 왜 사람들은 창문을 닫고 다닐까?"

사춘기가 올 듯 말 듯 밀당 중인 아들이 가을이 담긴 풍광과 바람에 꽤나 설레나 보다. 달리는 차 안에서 창문을 열고 바람을 맞는 모습이 유쾌하기만 하다. 우리는 그렇게 가을과 첫 만남을 했다.

가을에 잘 보이려는 걸까? 햇살은 더 눈부시게 빛나고, 그 햇살이 닿은 모든 것이 생명을 더해 세상을 반짝거리게 한다. 바람은 물기를 탈탈 털어 내고 담백하게 바뀌어 볼에 닿는다. 하늘빛은 더욱 청명해져 수만 가지 모양의 구름을 넓은 아량으로 품어 준다. 그들이 돋보이게 푸른빛을 더욱 발한다.

마치 올가을과 현명하게 어우러질 방법을 들은 것 같다.
가을의 반짝임과 어울리는 빛나는 하루로 삶을 채우는 방법을,

"담백한 넓은 아량을 가지고 하루를 보내기."

그렇게 가을이 머무는 하루를 천천히 잘살아 보고 싶다.
그리고 이 가을의 모든 것을 놓치지 않고 담고 싶다.

여기서부터 겨울이 오기 전까지, 시속 30km로.

가을과 인사한 오늘, 삶을 느리게 살고 싶어졌다.

단풍이 눈부셔요

붉게 물든 계절의 한 자락에 머문 흐트러진 기억에
조용히 웃음이 스며든다.

더 멀리 시선을 뻗으니 보인다.
하늘빛이 이렇게 너를 빛나게 한 것이다.

붉은 마음이 더 붉어지니 마음이 벅차올라
그 마음을 떨구지 못해 그곳에 그대로
담아 두었나 보다.

마음에 마음이 포개고 포개어져,
있는지 모르게 단단해져
더 이상 느껴지지 않아
거기 그곳에 두었단 걸 잊고 있었다.

마음에 붉은빛이 다시 살아나니,
시간의 걸음을 되 걸어 본다.
그 걸음의 어느 지점에 머물러 당신을
기다려 보려 한다.

당신의 걸음에 조용한 지도를 그리며,
붉은 빛깔을 오래 붙들어 보련다.

마흔 앓이

삶을 좀 아는 것 같아 돌아보니, 정작 나를 모른다.
나를 몰랐음을 들키고 나니, 지나온 시간이 아쉬워
먹먹해지는 마음에 남 탓을 해 본다.
그게 답이 아니란 것을 알면서 괜히 그래 본다.

어떤 사람이 나일까?
내가 바라던 꿈은 무엇이었을까?
나는 무엇을 위해 사는 걸까?

지나온 시간을 되감아 봐도 뿌옇게 탁해진 답들이
좀처럼 선명해지지 않는다.

선명하게 닦으려고 세상에 새로운 발을 내밀어 본다.
한 발 딛고 두 발 딛으려 하자, 어깨를 누르는
나여야만 하는 일들이 점점 무게를 더해
더 이상 발을 뗄 수가 없다.

그러자 또 내 옆의 무언가를 원망하게 된다.
어느 날은 억지스럽게 끼워 맞추어 그것이 답인 양
실컷 쏟고 나면 순간 시원하다가 이내 씁쓸해진다.

바쁜 걸음으로 보낸 하루하루가 쌓여
그렇게 일 년이 가고 십 년이 갔다.
그 세월 안에 작게 웅크리고 있었던
나를 흔들어 깨운다.

세월에 묻히고 묻혀 스스로 갉아먹었던 나를 다시 채우고
나를 소중하게 세운다.

그렇게 마흔을 앓고 있다.
단단히 앓고 나면 뿌리부터 튼튼해져
흔들림 없이 견고해질 테니,

괜찮아, 마흔은 다들 그런 거니까.

ps. 삶이 무거운 모든 마흔에게….

자정의 편안함
이루마의 Reminiscent(회상)

사실 상황은 편안하지 않다. 현대 사회와 디자이너의 역할에 대한 리포트를 작성 중이다. 배우는 앎의 기쁨도 내 삶의 큰 부분인데, 요즘 마음이 콩밭에 가 있다. 꽃을 그리고 싶다. 사유를 글로 풀어놓고 싶다. 그 마음 때문에 미루고 미루다 과제를 시작하니, 시간에 쫓겨 불편한 상황이다.

언젠가 푹 빠져 지냈던 이루마의 음악을 찾아 재생했다. 시간은 자정이 넘었고, 내 앞에는 부담스러운 과제가 놓여 있고, 밖에선 오토바이 소리가 여러 번 들려오는데, 이상하게 내 마음은 편안하기 그지없다.

한낮이 무척이나 뜨거웠던 여름밤이어서일까? 바람에 실려 오는 냄새는 땅이 낮 동안 받은 뜨거운 햇살의 냄새다. 그 냄새가 편안하다. 길게 호흡해 코에 머금어 본다.

참 좋다.

오토바이가 굉음을 내며 달려간다. 아무래도 그 소리마저 편안한 건 이루마의 영혼이 담긴 피아노 연주 때문인가 보다. 어떤 것도 지금의 편안함을 흔들지 못할 듯, 바라는 바가 있다면 지금 이 시간이 조금만 더 천천히 가 주었으면 한다.

한 번씩 불편함이 가득한 상황에서도 편안할 때가 있다.
코로 들어오는 바람, 귀로 들려오는 음악, 차가 달리는 소리,
눈으로 들어오는 스탠드 불빛과 밤의 색, 전체적인 고요함,
오늘 같은 날은 밤이 길고 길었으면 좋겠다.

마치 나를 위해 '짠' 하고 나타난 이 모든 것에 감사하며, 하루에 마침표를 찍어 본다.

밖에서 들리는 청춘들이 주고받는 목소리가 반갑다.
그것마저 나를 위한 연출인 듯하니, 피아노 연주곡이 오늘 밤 마법을 부린 걸까?

긍정 에너지 저금

갑자기 쏟아져 땅에 닿는 빗소리에 마음이 시원하다. 비를 가까이 만나기 위해 우산을 쓰고 나서니, 세상 모든 소리가 빗소리에 닫혀 들리지 않는다.

"툭툭툭툭."
"투두둑, 투두둑."

어찌나 요란하고 시원한지, 답답했던 마음까지 씻어 내어 소리 끝에 사라진다. 답답할 때 꺼내 쓸 시원한 빗소리를 저금한다.

일요일 아침의 동네는 고요하다. 열 걸음, 스무 걸음, 백 걸음… 걸음의 수를 세며 걸어 본다. 마음속 목소리가 온 동네에 퍼지는 듯 고요함 속에 내 목소리만 들린다. 그러다 새가 지저귀는 소리에 걸음을 멈춘다. 고개를 들어 소리의 모습을 찾아본다. 나뭇가지에 앉아 고개를 갸웃거리는 새의 소리에 담긴 아침의 고요함을 저금한다.

낮이 되어 뜨거운 햇살의 열정을 만나고, 저녁이 되면 코발트빛 하늘의 색감을 휘감은 시원한 바람과 마주한다. 볼에 닿는 바람에는 뜨거운 햇살이 스며들어 있다. 그것을 저금해 본다.

매일 만나는 나의 걸음들 중 일의 때가 묻어 있지 않은 가벼운 걸음들을 저금한다.

그렇게 나에게 다가오는 긍정을 차곡차곡 저금해 긍정이 바닥날 때, 찾아서 쓰려고 한다. 내일부터는 긍정을 찾으러 다니는 내 하루가 더 특별해질 것이다.

ps. 일상에서의 긍정을 의식적으로 찾는 건 평범한 장면도 분명 특별하게 보이게 합니다. 특별한 삶이 주는 기쁨을 나누고 싶습니다.

일상의 풍경에서 긍정을 담는다.

마흔의 가벼움

어쩌면 지금이 가장 가벼운 나이가 아닐까?

오십에 접어든 선배가 이야기한다.

"내 나이가 되면 뭐든 조심스러워져. 이야기하고 싶은 것도 참게 되고, 안 보였던 것이 보이면서 이해가 되는 것도 생기고, 아니, 어쩌면 이해가 되지 않는 건데 이해하는 척하기도 하고, 억지로 이해해야만 하는 상황도 생기더라."

"오십은 외로운 나이더라. 경험이 쌓이니, 일에 속도는 생기지만 더 큰일들이 맡겨지고, 일에 묻혀 지내다 보니 주변에 사람이 없더라."

"어떨 땐, 윗세대들이 편하기도 해, 어린 세대들과 어울림이 어색해져 버렸어. 일을 가르쳐야 하고, 잘 이끌어야 한다는 책임감에 어떤 날은 갑갑하기도 해."

"내 나이가 돼 보면 알 거야(웃음)."

무거운 웃음이었다. 숫자의 크기만큼 무거워지는 게 나이인가 보다. 마흔이 넘은 내 나이가 무겁게 느껴져 자유로움을 갈망하던 어느 날, 선배의 이야기에 이상하게 나를 누르던 모든 무거움이 흩어졌다.

아직은 아닌 것은 아니다. 불의에 붉끈거리며 목소리를 높일 수 있는 내 나이가 가볍게 느껴졌다. 지금보다 한 겹 더 무거워질 나이가 되기까지 아직 시간이 있다.

지금의 눈에 담기는 모든 것과 귀로 들어오는 모든 소리와 입으로 나가는 목소리에 마흔의 가벼움과 기품을 담아 나만의 삶의 빛깔을 만들어 보려 한다.

오십이 되면 나는 어떤 모습일까? 가만히 상상해 본다.

잘 빚어진 색을 나누는 사람이 되는 상상을 해 본다.

지금이 한껏 가벼워진다.

흐린 날, 커피, 고흐

습도가 높지 않은 흐린 날,
하늘을 만지면 고운 모래 느낌이 날 것 같은 날,

귀 끝에 닿는 아침 바람이 아직은 시리고,
따끈따끈 이불속이 그리운 그런 날이 오늘이었다.
커피가 잘 어울리는 날이었다.

한 모금 입에 머금은 커피의 향이 더 진하게 느껴지고,
우유 거품의 부드러움이 마치 흐린 날의 공기같이
느껴져 온 감각으로 순간을 채운 날,

그 순간, '고흐.'

눈앞에 고흐 작품집이 있다.

고흐의 삶에 대한 연민이
작품에 더욱 집중하게 만든다.

찬찬히 그리고 천천히 바라본 작품들로
그의 내면을 온전히 느끼며,
고흐의 영혼에 또 한 번 푹 빠져 본다.

흐린 날이라서,
커피와 함께라서,
더 촘촘히 그의 색채에, 붓의 터치에 빠져 본다.

그림은 내면의 영혼을 표현하는 것,
글쓰기도 내면을 꺼내어 표현하는 것,
수업도 수업자의 내면을 담아 전하는 것,

모두 다 예술이었다.

부산 사투리

지금 나는 사투리를 쓴다.
그런데 고향인 '부산 사투리'가 아니다.
같은 경상권이지만 부산과 포항의 말씨는 오묘하게 다르다.

낯선 억양이 18년이라는 세월 동안 스며들어
출처 불명의 새로운 억양이 탄생한 것이다.

그건 내가 어떻게 할 수 있는 일이 아니었다.
나도 모르게 한 층 한 층 쌓였기에
내 말씨가 이것도 저것도 아니란 것을 남들을 통해 알게 된다.

정말 오랜만에 고향 친구를 만나러 가는 길,
택시를 탔다.

친구에게 전화가 왔다.

"야~ 어디고? 내 도착했는데 빨리 온나."

"니 벌써 도착했나? 억수로 빨리 왔네! 알았다! 내 지금 5분 남았다."

순간, 오래전 부산에 살던 그때의 내가 된 듯,
시원한 부산 사투리에 마음이 뻥 뚫린다.

온전한 부산 사투리에 내 정체성을 찾은 듯, 마음이 푸근해진다.
눈이 반짝반짝, 마음이 꽉 차오른다.

그 시각, 해가 낮아지며 눈이 부시지 않는
기분 좋은 빛을 뿜어 주었다. 그 빛 때문이었을까?
아니면 오랜만에 친구들을
만나러 가는 길이어서일까?

부산 사투리, 내 안에서 불쑥 나온 부산 사투리,
이게 뭐라고 마음이 꽉 찼을까?

집에 와서 먼지 냄새가 폴폴 나는 앨범을 꺼내 본다.
옛 사진들에서 또 다른 언어들이 느껴진다.

아무래도 모든 어제가 그리운가 보다.

부산 친구들을 만나러 가는 길, 마음이 꽉 찼던 이유가 하늘빛 때문이었을까?

밤에 뛰었다

왠지 그래야 할 것 같았다.
운동을 몇 주째 멀리했다.
이것저것 정적인 일들을 해내느라 짬이 없었다.

그래서였을까? 며칠째 몸의 컨디션이 별로다.
찌뿌둥한 몸을 끌어안고 일주일을 버텼다.

잠이 부족한 느낌, 조금만 움직여도 숨이 차고,
노곤노곤한 상태로 애꿎은 커피만 들이켰다.

오늘 밤 내 몸이 나에게 이야기한다.

쫌.

부산 사람이라면 누구나 알고 있는
"쫌"에 담긴 무수한 이야기들,
딱 한 글자로 모든 게 통한다.

그래, 오늘은 뛸게.
오늘은 왠지 뛰어야 할 것 같았다.
운동화를 신고 집을 나선다.

보도블록 위를 뛰고
아스팔트 위를 뛰어
흙길을 만난다.

발에 닿는 길의 느낌에 기분이 좋다.
숨소리가 커지고, 얼굴에 열이 전해진다.
뛰고 걷고를 반복하니 어느새 집이다.
온몸이 뜨거워진 이 느낌이 나쁘지 않다.

시원한 물 한 잔을 들이켜 본다.
몸 구석구석이 편안해짐을 느낀다.
오늘 내 몸은 이걸 원했나 보다.

밤에 뛰었다. 심장 뛰는 소리에 편안해진다.

마음의 가로선이 고장 났어요

마음에 미움이 담기는 것은 한순간이다. 마음의 그릇에 반짝이는 윤슬과 빛나는 색을 출렁거리게 담아 두었는데, 꿈이었을까?

'마'에 있던 가로선(ㅡ) 하나가 어느새 '음'으로 달려가 뾰족한 세로선(ㅣ)으로 바뀌는 것은 한순간이다.

미운 말들의 공격에 가로선은 평안함을 놓쳐 버렸다. 그 뾰족한 것이 마음을 답답하게 한다. 숨이 막힌다. 미움은 이상하게도 참 오래도록 달라붙어 몸까지 괴롭힌다.

세로선을 잘 매만져 차분하게 내려 주면 되는데, 어느 날은 그것조차 하고 싶지 않을 때가 있다. 그런 날은 세상 모든 힘듦과 불만이 미움으로 향한다. 그 크기가 얼마인지도 모르게 미워하다가 줄일 수 없을 정도로 커졌다는 것을 알게 되었을 때는 늦었다.

무거운 녀석은 어깨를 짓누르고, 가슴 앞을 막는다.
마음 중 가장 무서운 녀석이다. 커지는 속도가 제법이다.

살다 보면 한 번씩 마음의 가로선이 고장이 난다. 고장이 났는지를 모르고 지내며 뾰족뾰족 찔리고 찔려 지쳐 가기도 한다.

미움은 그렇다. 마음에 회색빛의 탁한 색을 뿌린다. 어쩌면 그 빛깔에 더 아픈 건 나일지도 모른다. 그렇게 몇 시간을, 하루를, 이틀을 보내기에는

.

.

.

오늘, 날이 너무 좋다. 햇살이 닿은 모든 것이 반짝인다. 햇살의 빛은 바람에 실려 눈으로 들어온다. 그 빛을 미움에게 살짝 뿌려 본다. 날카롭게 세우고 있던 미움이 천천히 낮아진다.

평온한 '마음'을 찾았다. 그 빛을 미움의 상대에게 마음으로 보낸다. 왠지 내가 이긴 기분이다.

기억

파편이 되어 흩어진 조각 중 큰 조각 몇 개를 찾았다.
그 조각들에 담긴 짧은 이야기가 어설프고,
그저 예뻐 웃음이 난다.

오래된 메일함의 편지들,
흙냄새가 나는 듯한 오래된 일기장의
기록들이 기억이 된다.
기록은 기억을 만든다.

만나고 싶은 기억은 일상의 이야기인데,
손을 뻗어 마음의 기억까지 헤집어 봐도
도무지 잡히지가 않아 마음 한편이 먹먹해진다.

풋풋함으로 빛을 내었던 기억들이 선명하지는 않지만,
어렴풋이 생각나 나를 좋은 사람으로 채우고
단단하게 만들어 줘 그 마음을 준 너를 기억해 보려 애쓴다.

기억은 사라진 게 아니라 온전히
나에게 남아 있는 듯한 분명한 이 느낌이 참 좋다.

그때 받은 긍정을 지금의 너에게 온 마음을 담아 보내려
기억의 파편을 모아 맞추어 본다.

그 시절, 나를 세상 무엇보다 빛나게 만들었던
오늘의 너에게 세상의 빛을 담아 보낸다.

수채화의 매력

두근거리는 정성을 들여 팔레트에 짠 수채화 물감이 3일이 지나자 단단하게 굳은 느낌이다. 색색이 가지런히 담긴 모습을 바라보며 궁금해진다.

'나는 어떤 색의 사람일까?'

한참을 바라보다 청록색을 마음에 담는다. 붓에 물을 듬뿍 머금어 색에 머물다 흰 종이에 뿌리니 또 다른 색의 모습이다.

물에 의해 농도가 묽어지니 진짜 색의 모습이 나타난다.
물은 물감을 진짜로 만들어 준다. 농도가 묽어진 청록색의 물감에 물을 폭 담아 붓에 적시니, 마음도 함께 묽어진다.

걱정, 미움, 상처, 불안이라는 부정의 언어들이 녹아 묽어진다. 투명해진 물감의 색을 들여다보니, 마음의 색도 그만큼 투명해진다. 색에 나를 담아 그림을 그리니, 물의 마법에 빠진 듯 마음이 평온해진다.

계속해서 평온해진다.

이제 내 마음의 주인이 내가 된다.
이것이 수채화의 매력이었다.

888(261)
VIRIDIAN
HUE

내 삶의 힘 조절하기

어떤 일이든 내가 다 해야 마음이 놓인다. 무슨 일이든 잘 해내야 직성이 풀린다. 그랬더니 모든 일에 힘을 꽉꽉 주어 하루를 보내고 있는 나를 발견한다.

틈이 생길 틈이 없다. 온 힘을 쏟아 많은 일을 하느라 신체도 경직되어 있다. 살기 위해 등록한 필라테스에서 찌뿌둥한 몸을 달래 보기도 했지만, 습관이 가장 무섭다는 것을 알게 된다. 굳어진 자세와 몸의 균형은 쉽게 돌아오지 않는다.

동양화를 배울 기회가 생겼다. 교수님께서 그림을 그리는 모습을 보고 쉽게 생각했는데 붓이 마음대로 움직이지 않았다. 머릿속으로는 그려지는데 손이 생각대로 움직이지 않았다. 마치 내 삶처럼 느껴져 오기가 생겼다.

교수님의 설명을 듣고, 그리고 또 그렸다. 수업이 끝날 때까지 가장 어려웠던 것은 '힘의 조절', 삼 주 동안 그림을 그리며 삶을 고민했다. 그리고 현명하게 살고 싶어졌다. 열심히 달리는 것이 최선이라고 생각했는데, 그건 최선은 맞지만 최고는 아니었다.

'현명하게 내 삶의 힘을 조절하는 것.'
그것이 나를 지킬 수 있는 최고의 방법이었다.

힘을 줄 땐 주고 힘을 빼야 할 곳은 과감하게 빼는 것,
그래야 틈이 생기고 그 틈에서 새로운 에너지를 만들 수 있다.

주변의 모든 일들을 혼자 짊어지고 가지 않아도 된다.
중요한 일에 집중하고 조금 덜 중요한 일은 완벽하지 않아도 된다.
그래야 진짜 나로 지치지 않고 나답게 잘 살 수 있다.

많은 일을 완벽히 해내어 만족하는 것이 아니라 힘의 조절에 만족할 수 있는 현명한 삶을 살고 싶다.

동양화는 내면의 공부라고 한다. 붓끝에서 깊은 내면의 이야기가 묻어난다. 조묵을 잘하는 것도 중요하지만 마음 수련이 우선이라 하시며 교수님께서는 5분도 채 지나지 않아 멋진 국화를 그려 내셨다.

'교수님은 얼마나 단단한 내면을 가지셨을까?'

내면이 묻어나는 붓의 터치는 손과 물아일체가 되어 그림 같은 그림을 만들어 낸다.

붓의 강약, 내 삶의 힘의 강약, 나에게는 어려운 두 가지.

마음을 돌아보며 현명하게 내 삶을 선택하는 내일이 되기를….

삶의 힘을 조절하기, 아직도 어려운 그것.

열심히 하지 않게 노력하기

그리고…
해야 할 일만 겨우 해내기.

올해를 시작하며 목표 두 가지를 다이어리에 꾹꾹 눌러쓰며 다짐했다. 쉼 없이 내달리며 이루어 낸 성과들은 시기와 질투(?)였을까? 누군가로 인해 열정이 결국 나에게 상처가 되었다.

사실 그까짓 것은 나에게 중요한 일이 아니다. 교사로서의 신념과 가치가 단단하게 중심이 되어 주니, 어설픈 누군가의 좁은 마음들에는 피식 웃음만 난다.

그 목표를 꾹꾹 눌러쓴 것은 수년 동안 내가 나를 돌보지 못했음을 알게 된 이유였다.

나는 나에게 예의가 없었다.

나와 만나고, 나를 깊이 알아 가고, 나에게 예의를 지키는 것이 얼마나 중요한 것인지를 알게 되었다. 그것은 산책과 사색으로 시간을 단단하게 보내며, 그동안 내가 나에게 얼마나 예의 없었는지를 알게 되면서 나를 계속해서 돌보는 것을 잊지 않기 위한 목표였다.

1. 열심히 하지 않게 노력하기
2. 해야 할 일만 겨우 해내기

그리고 3월, 학교로 돌아온 나는 나에게 꾹꾹 눌러쓴 약속을 계속해서 떠올린다. 물론 그 약속을 지키지 못하고 있다. 3월 둘째 주까지는 꽤 괜찮았다.

그런데 아이들과 만나 호흡하고 알아 가며 불쑥불쑥 나오는 신념이 에너지를 만들었다. 교사의 신념이 무언가를 떠올리게 하고 변화할 수 있도록 계획하고 시작하게 했다. 수업에서 만나는 아이들에게는 감동을 주고 싶고, 업무로 만나는 아이들에게는 믿음을 주고 싶었다. 그 감동과 믿음이 아이들에게 힘이 되어 목표로 하는 사람으로 성장하게 하고, 사회로 멋지게 발 딛게 하는 것, 그것이 이유였다.

머리로는 '에너지를 아끼자' 하지만 마음이 이겨 먹는 이유, 그래서 온 에너지를 쏟아 버리는 이유, 학교로 향하는 출근길이 즐겁고, 그 안에서 함께하는 호흡이 즐거운 이유, 떠오른 아이디어를 곧장 실행하는 것에 주저하지 않는 이유, 힘이 들지만 힘이 들지 않는 이유는 바로 학생들이었다.

나에게 예의가 없었음을 알게 되며, 편안함을 추구하고 나에게 쉼을 주는 것이 정답이라고 생각했다.

그것은 답이 아니었다.

내 삶의 가치를 명확히 통찰하고, 내 에너지를 그곳에 몰입할 때의 삶이 소중하다.

분명한 것은 쉼의 시간이 있었기에, 그 시간 동안 만난 긍정의 이야기들로 인해 나를 더 깊이 알아 가며, 이제는 지칠 만큼 무작정 달리지 않는다. 나를 잘 보살피고 나에게 한껏 다정해진다.

점점 그렇게 어른 선생님이 되어 간다.
점점 그렇게 어른 엄마가 되어 간다.

나에게 다정한 사람

쉼 없이 달려온 수많은 시간 안에서 완벽하려고 애썼다.
모든 일이 내가 아니면 안 된다란 생각에
많은 역할에 힘을 잔뜩 주어 하루를 꽉 채워 보내면서
나는 나에게 예의가 없었다.

멈추어 나를 들여다보며, 나에게 다정해진다.
벅찬 순간에 감동하고, 그 안에 머물러 있는 나를 천천히
바라보며 내 삶이 소중해진다.

이제 시간에 잔뜩 주었던 힘을 빼고, 모든 일에 애쓰지 않아도 된다.
모두에게 좋은 사람이 되기 위해 애쓰지 않아도 된다.
나에게 주어진 역할에 인정받기 위해 애쓰지 않아도 된다.
꾹꾹 쌓인 잘하고 싶은 욕심은 내려놓아도 된다.

내 눈에 담기는 예쁜 장면을 나에게 선물하고,
내 마음을 토닥일 수 있는 이제 나는 나에게 다정한 사람.

좋아하는 사람들과 내 삶을 공유하고, 그들의 삶을 들으며,
마음을 채울 수 있는 이제 나는 나에게 다정한 사람.

먼발치에서 나를 다정한 시선으로 바라본다.
하루를 잘 보낸 나에게 감사하며, 그렇게 내 삶이 소중해진다.

그럴 수도 있지

"그럴 수도 있지", 어떨 땐 이렇게 기준이 없는 사람인가 싶다.
또 어느 날은 너무 허용적인가 싶기도 하다.

사람들과의 만남에서, 하는 일들에서, 엄마로 아이들을 키우며,

"그럴 수도 있지."

어느 날, 세월 안에 폭풍 같은 일이 몰아쳤다.
그럴 수 없는 일이었지만 '그럴 수도 있지'의 마법이
상처를 잘 다스려 아물어 가고 있다.

그것을 사람들은 '긍정'이라고 한다.
'긍정'의 힘은 하루를 살아감에, 한 달을 살아감에, 일 년을 살아감에
우리가 생각하는 것보다 훨씬 더 큰 에너지를 가져다준다.
세상의 여러 가지 모습 중에서 좋은 모습부터 찾는다.
사람들의 단점보다 장점을 먼저 발견하게 한다.
그리고 누군가를 이해하게 한다.

그 이해들이 나를 편안하게 한다.
그렇게 편안한 사람이 되어 삶을 감사하게 된다.
감사한 내 삶에서 모든 순간은 소중해진다.

좋은 일만 있을 거야

긍정의 주문은 나를 간절하게 원하는 곳으로 데려가 준다.
꿈을 몰라 헤맬 때, 꿈을 위해 달릴 때,
다이어리에 꾹꾹 눌러쓴 그 문구에 이상하게 든든해졌다.

무너지고, 흐트러지려는 나를 계속해서 잘 붙잡아 주고,
나에 대한 믿음을 흔들리지 않게 해 주는 가장 쉬운 애씀이었다.

더 나은 나를 위한 '자기 암시.'

스무 살이라는 나이에 안개처럼 희미한 미래 앞에서 용감하게
맞설 수 있었던 '자기 암시'라는 방패는 단단하지만 가벼웠다.
쉽게 할 수 있는 일이었지만 효과는 컸다.

스무 살의 주문은 심플했는데, 꿈을 이루고 세월을 잘 밟고 지낸
마흔의 주문은 너무 많다. 살아온 세월이 할 이야기가 많나 보다.

그렇다는 건 잘 살아왔다는 거겠지?

오늘도 나에게 다정하게 이야기한다.

'좋은 일만 있을 거야.'

마음이 꽉 차는 순간, 나는 나에게 다정해진다.

교사의 신념이 에너지가 되어 모든 삶에 열정을 다했습니다. 수업에서 만나는 아이들과의 만남, 소통, 성장이 즐거웠고, 즐거운 걸음들이 포개고 포개어지면 공교육의 변화로 이어질 것이라는 거대한 포부를 가지고 학교에서의 삶을 살아갔습니다.

세 아이의 엄마로 최선을 다하는 것 또한 저의 역할이기에 삶에 틈이 없이 나에게 주어진 역할을 잘 해내기 위해 몸에 힘을 잔뜩 주어 수년을 보내며 지쳐 갔습니다.

그 역할들이 무거워 견디기 힘든 어느 날, 삶의 무게로 마음에 그늘이 생기기 전, 잠시 멈추며 드디어 세상과 만났습니다. 그리고 나와 마주합니다. 그곳에는 삶의 기쁨들이 있었습니다.

이미 내 옆에 존재하고 있었던 모든 장면과 이제야 마주하며 긍정의 이야기를 써 내려갑니다. 그리고 나에게 다정해집니다. 이제는 나와 언제든 만날 수 있고, 나를 지지하고 응원할 수 있게 되었습니다.

내 시선에 담긴 모든 것에 의미를 담아 눈과 눈을 맞추어 이야기하고, 달리다가도 멈출 수 있게 되었습니다.

삶에서 만난 긍정이 열정의 에너지가 되어, 더 잘 살고 싶어집니다. 찬찬히, 그리고 즐겁게 교사의 삶을, 엄마의 삶을 더 잘 살아갈 수 있게 됩니다.

모든 삶에 완벽하려 애쓰지 않아도 됩니다.
힘들 때는 잠시 멈추어 내 삶을 만나고 들여다보기 위해 애써 주세요.

그렇게 만난 삶이 이야기할 거예요.

모든 일에 애쓰지 않아도 된다고,
지금도 충분히 잘하고 있다고,
이제 너에게 다정해지라고….

심효은 드림

ps. 내 삶의 기적, 세 아이에게 엄마의 글을 선물합니다.